国家级职业教育规划教材
全国高等职业院校会计专业教材

企业财务管理

占娜　主编

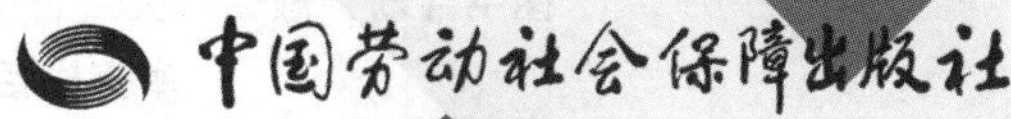

简　介

本书介绍了企业财务管理的有关内容，具体包括财务管理总论、财务管理的价值理念、筹资管理、全面预算管理、营运资金管理、成本管理、收入与利润分配管理、财务分析。本书深浅得当，难易适中，贴近高等职业院校会计专业教学实际。

本书由占娜任主编，黄政、张嵘嵘、陈莹参与编写，刘海涛任主审。

图书在版编目(CIP)数据

企业财务管理/占娜主编. --北京：中国劳动社会保障出版社，2022
全国高等职业院校会计专业教材
ISBN 978-7-5167-5517-4

Ⅰ.①企…　Ⅱ.①占…　Ⅲ.①企业管理-财务管理-高等职业教育-教材　Ⅳ.①F275

中国版本图书馆 CIP 数据核字(2022)第 196035 号

中国劳动社会保障出版社出版发行
(北京市惠新东街 1 号　邮政编码：100029)
*
北京市白帆印务有限公司印刷装订　　新华书店经销
787 毫米×1092 毫米　16 开本　12.25 印张　228 千字
2022 年 12 月第 1 版　　2022 年 12 月第 1 次印刷
定价：31.00 元

营销中心电话：400-606-6496
出版社网址：http://www.class.com.cn
http://jg.class.com.cn

前言

近年来，随着我国经济和社会发展，会计准则及相关法规发生了一定的调整和变化，社会对会计人员的知识水平和职业能力水平提出了更高的要求。为适应这些变化，培养更加符合市场需求的会计人才，我们组织了一批教学经验丰富、实践能力强的一线教师和行业、企业专家，基于会计、出纳、审计等工作岗位的要求，在充分调研的基础上，编写了这套全国高等职业院校会计专业教材。

本套教材主要有以下几个特点：

第一，理实结合，先进实用。教材本着学以致用的原则，紧贴会计专业最新的培养目标和教学实际，并参考会计、审计等相关职业资格的要求安排教材的结构和内容，将理论知识与操作技能有机融合，突出对学生实际操作能力的培养，使教材具有较强的实用性、针对性和先进性。部分教材采取了任务驱动的编写思路，按照以能力培养为主线、相关知识为支撑的模式安排教学内容，做到“理论学习有载体，技能训练有实体”。

第二，表现力丰富。本套教材设置了“案例解析”“知识窗”等栏目，增加教材的趣味性和可读性，激发学生的学习兴趣。同时，尽可能多地以图表代替冗长的文字叙述，使教材更加生动直观，易于学习。在版式设计上，本套教材采用双色排版，使教材中的单据、凭证与会计工作实务保持一致，便于开展教学。

第三，配套资源完善。本套教材同步开发了配套的电子课件及习题册，电子课件及习题册答案可登录技工教育网（http://jg.class.com.cn）搜索下载。部分教材针对教学重点和难点制作了演示视频等多媒体素材，学生扫描二维码即可在线观看或收听相应内容。

本套教材的编写得到了有关省市人力资源社会保障部门及一批高等职业院校的大力支持，教材的编审人员做了大量的工作，在此，我们表示衷心的感谢！同时，恳切希望广大读者对教材提出宝贵的意见和建议。

人力资源社会保障部教材办公室

目录

第一章
财务管理总论

学习目标

1. 了解财务管理的概念和特点。
2. 了解企业的财务活动和财务关系。
3. 了解财务管理的目标。
4. 熟悉财务管理的环节。
5. 能正确分析企业财务管理环境。

财务管理是企业组织财务活动、处理财务关系的一项经济管理工作。一般来说，企业财务管理包括财务预测、财务计划、财务预算、财务决策、财务控制以及财务分析与考核六个环节。财务管理环境包括内外部环境，具体有经济环境、法律环境、金融环境、企业家精神、企业文化等，它是财务管理赖以生存的土壤，也是企业开展财务活动的舞台。

思维导图

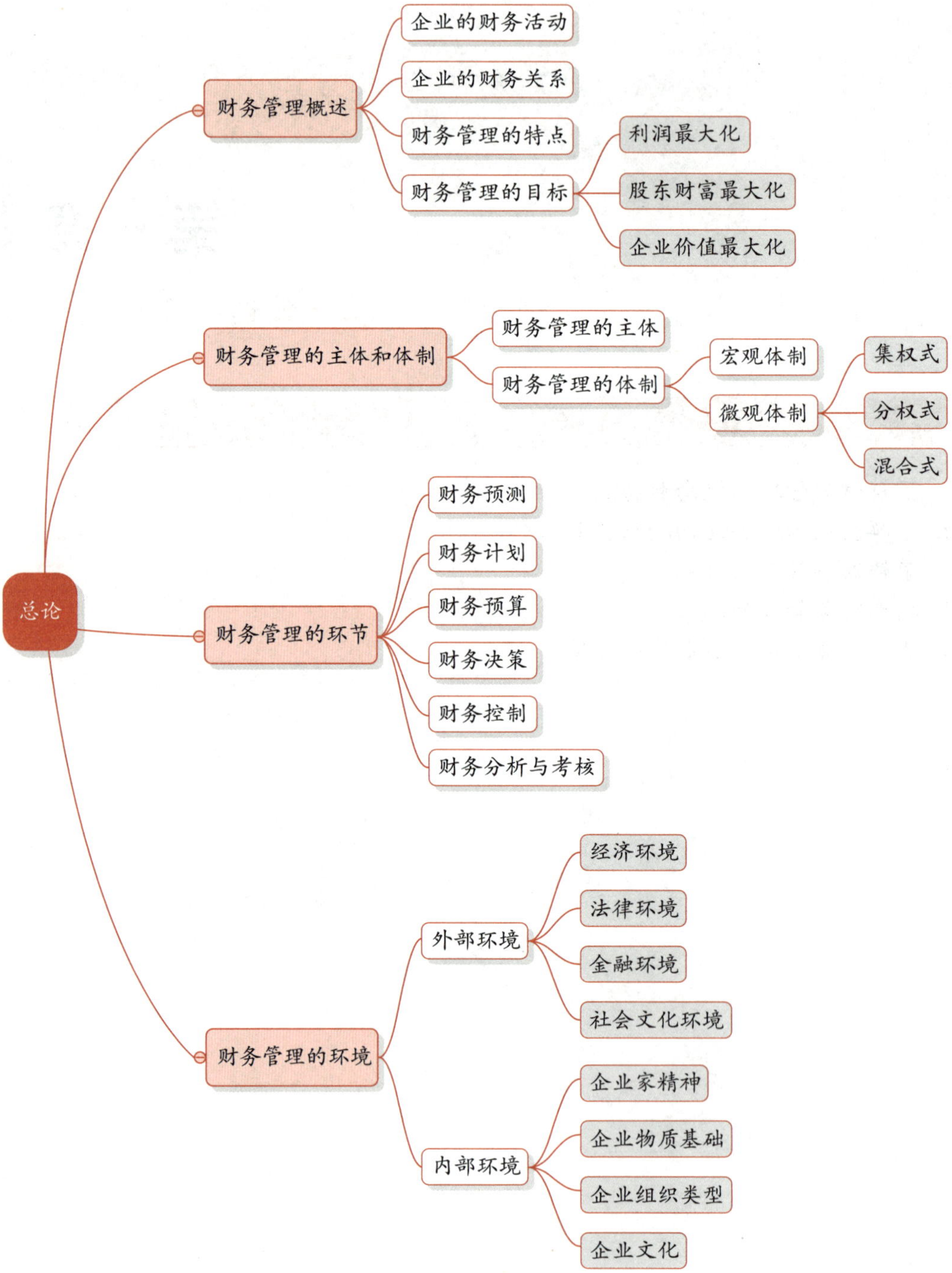

- 总论
  - 财务管理概述
    - 企业的财务活动
    - 企业的财务关系
    - 财务管理的特点
    - 财务管理的目标
      - 利润最大化
      - 股东财富最大化
      - 企业价值最大化
  - 财务管理的主体和体制
    - 财务管理的主体
    - 财务管理的体制
      - 宏观体制
      - 微观体制
        - 集权式
        - 分权式
        - 混合式
  - 财务管理的环节
    - 财务预测
    - 财务计划
    - 财务预算
    - 财务决策
    - 财务控制
    - 财务分析与考核
  - 财务管理的环境
    - 外部环境
      - 经济环境
      - 法律环境
      - 金融环境
      - 社会文化环境
    - 内部环境
      - 企业家精神
      - 企业物质基础
      - 企业组织类型
      - 企业文化

第一节 财务管理概述

【情境导入】

北京佳佳服装有限公司（以下简称佳佳公司）成立于2015年，注册资本1亿元人民币，是一家集高档西服、中式服装和青年装等系列服装及配套服饰产品的设计、开发、生产、销售于一体的企业。

2020年1月，公司股东会通过董事会议案，决定成立电商部，并增设副总经理一职，由该副总经理主管财务部和电商部。公司管理层对财务管理了解不足，便聘请了在银行和制造企业有丰富任职经验的李某任副总经理。

李总正式入职后，对各部门进行了充分调研，准备着手进行财务制度的修订，优化成本管理等工作。

财务管理从企业成立的第一天就开始存在，无论是资金筹集、资金投资、资金运营、成本分析管理还是财务报表分析等都是财务管理的内容。随着时代的发展，企业财务管理的内容越来越多，涵盖的知识越来越丰富，但其基本理论依旧十分重要。

一、财务管理的概念

财务管理是企业组织财务活动、处理财务关系的一项经济管理工作。企业财务管理的主要目的是以最少的资金占用和消耗，获得最大的经济利益，并使企业保持良好的财务状况。

财务管理学不仅指企业理财，它还融合了会计学、经济学、法律和管理学的知识，对企业而言非常重要。

二、企业的财务活动

企业的财务活动是指企业生产经营过程中的资金运动。资金运动就是企业最初投入的货币资金，先通过采购材料等活动转化为储备资金，然后通过制造产品转化成生产资金，再通过产品完工转化为成品资金，最后通过销售产品回到货币资金形态的过程。企业的财务活动具体分为四个方面，如图1-1所示。

1. 资金筹集活动

资金筹集是指企业为了满足投资和用资的需要而筹措资金的行为。企业资金可分为两类：一是权益资金（即股权资金），包括投资者投入资金和企业在生产经营中形成的积累，如实收资本、资本公积、盈余公积和未分配利润等；二是负债资金（即债务资金），它因企业举债或信用交易而形成，如银行贷款、企业债券、应付款项等。当企业需要筹集资金时，财务人员就要解决资金筹集方式、不同类型资金在总资金中的占比等问题。

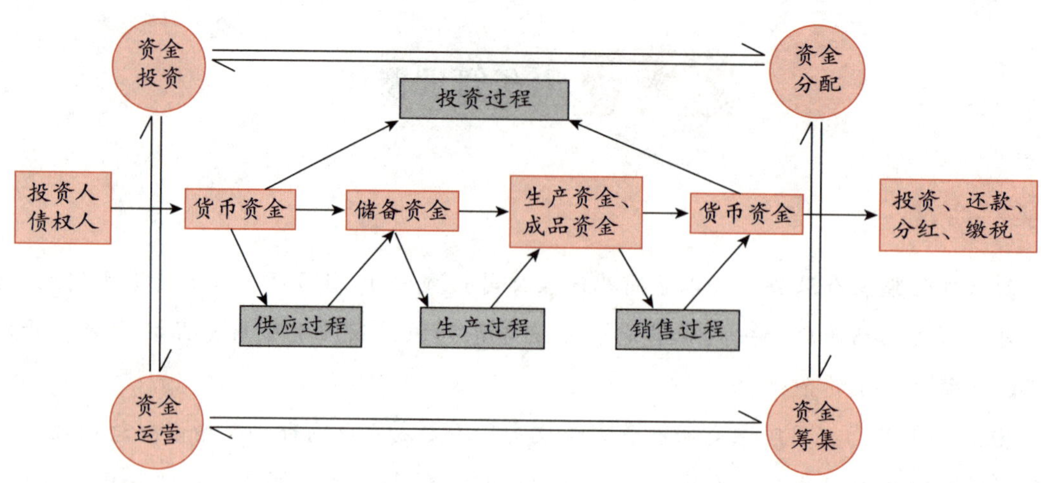

图 1-1　企业财务活动

企业一方面要保证筹集的资金能满足需要，另一方面要控制好筹资成本和筹资行为带来的偿债风险。

2. 资金运营活动

资金运营就是企业将所筹资金投放于正常生产经营的过程。企业为了开展生产经营活动，需要用资金购买原材料、办公用品，支付工资及各类费用，售出商品后取得收入并回收资金。在资金运营活动中，财务人员主要关注流动资产和流动负债的管理，重点把握资金使用效率和效益的问题。

3. 资金投资活动

资金投资分为两种：一种是企业把筹集的资金用于购置固定资产、无形资产等，即对内投资；另一种是企业把筹集的资金用于购买其他企业股票、债券，或与其他企业联合进行投资，即对外投资。企业收回对外投资或者变卖对内投资的资产时，产生资金收入。企业在进行投资时，财务人员不仅要考虑资金的投入产出效益，还要注意选择恰当的投资方向和投资方式，合理确定投资结构，降低企业投资风险。

4. 资金分配活动

资金分配是指企业对所取得的利润进行分配的过程。企业的利润按照规定的程序进行分配时，首先要依法纳税，其次要弥补以前年度亏损，提取公积金，最后向投资者分配利润。财务人员要根据公司具体情况确定最佳分配方案，一方面要保证投资者获得合适的回报，另一方面要保证企业有扩大再生产、再投资的能力。

资金的筹集、运营、投资和分配活动是企业财务活动的完整过程，它们相互联系，相互依存，构成了财务管理的基本内容。

三、企业的财务关系

企业的财务关系是指企业在财务活动中与有关各方面发生的经济关系。企业与各利益主体之间具有广泛的联系。协调好各种财务关系，是财务活动顺利开展的重要保证。企业的财务关系可概括为七个方面，如图 1-2 所示。

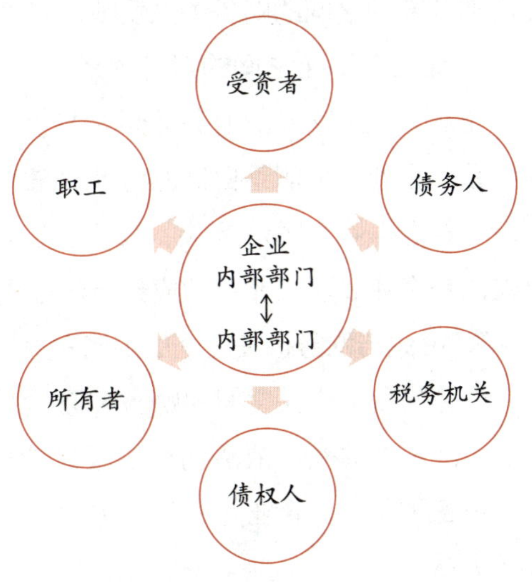

图 1-2　企业的财务关系

1. 企业与所有者之间的财务关系

企业与所有者之间的财务关系主要是指企业所有者向企业投入资金，企业向所有者支付投资报酬所形成的经济利益关系。企业从事生产经营活动必须筹集资本金，资本金的出资者为企业所有者，企业所有者可以是国家、法人、个人等。企业所有者按照投资合同或章程的约定对企业投资后，有权参与企业经营管理和利润分配，并对企业的生产经营活动承担责任。企业经营获得利润后，按出资比例或合同、章程中的约定向所有者分配利润。企业和所有者之间的财务关系反映的是经营权和所有权之间的关系。

2. 企业与债权人之间的财务关系

企业与债权人之间的财务关系是指企业向债权人借入资金，并按约定及时还本付息所形成的经济利益关系。企业从事生产经营活动，除了筹集资本金外，还常常要向债权人筹集部分资金来满足生产经营需要。企业债权人主要包括银行或证券公司等金融机构、债券持有人、提供商业信用的单位或个人等。企业与债权人之间的财务关系反映的是债务和债权的关系。

3. 企业与债务人之间的财务关系

企业与债务人之间的财务关系是指企业将其资金以提供借款、购入债券或提供商业信用等形式出借给其他单位所形成的经济利益关系。企业借出资金后，有权按照约定收取利息、收回本金。企业与债务人之间的财务关系反映的是债权和债务的关系。

4. 企业与受资者之间的财务关系

企业与受资者之间的财务关系是指企业以购买股票或直接投资等形式向其他企业（受资者）投资，受资者按照规定给企业分配投资报酬所形成的经济利益关系。企业向其他企业投资，应按规定履行出资义务，并依据出资的份额参与受资企业的经营管理和利润分配。企业与受资者之间的财务关系反映的是所有权性质的投资与受资关系。

5. 企业内部各部门之间的财务关系

企业内部各部门之间的财务关系是指企业内部各部门在生产经营过程中，因相互提供商品或劳务所形成的经济利益关系。在实行内部经营责任制的条件下，企业的产、供、

销等各个部门之间相互提供商品或劳务都要进行计价结算以明确相互间的经济责任。企业内部各部门之间的财务关系反映的是企业内部的资金结算关系。

6. 企业与职工之间的财务关系

企业与职工之间的财务关系是指企业在向职工支付劳动报酬过程中所形成的经济利益关系。企业根据职工提供的劳动数量和质量支付劳动报酬，劳动报酬包括工资、津贴、奖金、养老保险、医疗保险、公积金、年金、股权激励等。企业与职工之间的财务关系反映的是企业和职工在劳动成果上的分配关系。

7. 企业与税务机关之间的财务关系

企业与税务机关之间的财务关系是指企业依法依规缴纳税费而与国家税务机关所形成的经济利益关系。依法纳税、诚信纳税是企业的应尽义务，任何企业都要按照税法规定缴纳各种税费。企业与税务机关之间的财务关系反映的是依法纳税和依法征税的权利义务关系。

当然，由于行业和企业性质的不同，企业也与其他政府机关存在着一定的财务关系，在此不再赘述。

四、财务管理的特点

财务管理基于企业再生产过程中客观存在的财务活动和财务关系而产生，主要运用价值形式对企业财务活动及其所体现的财务关系实施管理。财务管理的主要特点是具有综合性、多元性、广泛性。

1. 综合性

财务管理通过各类财务指标分析企业的生产经营状况，不仅要帮助企业改善生产经营管理，提高经济效益，还要科学预见各类经营决策产生的未来价值，帮助企业实现可持续性发展。财务管理工作实质上是一项综合性的工作。

2. 多元性

财务管理工作包含财务预测、财务计划、财务预算、财务决策、财务控制以及财务分析与考核等多个环节，其中财务决策是财务管理工作的核心。企业财务管理者要借助专业方法，分析各类经济因素，才能更好地做出适合企业的有效财务决策。

3. 广泛性

财务管理的客体是企业资金活动，而企业资金活动本身就极具广泛性和丰富性。企业财务管理不仅包括筹资管理、成本管理、投资管理、收入管理、利润分配管理等常规内容，还包括企业设立、合并、解散和破产等专项内容。

五、财务管理的目标

1. 利润最大化

利润最大化是西方微观经济学的理论基础。这种观点认为，利润代表企业新创造的

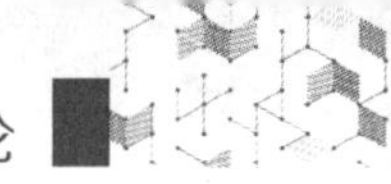

财富，利润越多说明企业新创造的价值越大。以利润最大化为目标可以促使企业重视经济核算，不断改进技术，提高生产效率，有利于企业优化资源配置，提高经济效益。很多企业将利润指标作为企业业绩评价和考核的标准。

但是，利润最大化也存在一些问题，主要表现在以下几个方面：

（1）没有考虑收益的时间价值

今年获利 100 万元同明年获利 100 万元是不等值的。同一笔资金，流入企业的时间越早，其价值越大。若不考虑时间价值的影响，就不能正确判断哪种获利方式更优。

（2）没有考虑获得利润与投入资本之间的关系

任何资金的使用都有成本，企业计算利润时往往比较关注债权融资的资金成本（如借款利息），却容易忽略股东直接投入的资金成本。假设企业决定投资的新项目预计可以获得 10%的利润，而同期国债利率为 12%，那么该投资决策显然有损股东利益。

（3）容易使企业忽略经营风险

假设 A、B 两个项目均需投入 1 000 万元。A 项目预计获得利润 150 万元，均为现金收入；B 项目预计获得利润 170 万元，均为应收账款，且账期长。在利润最大化目标的指引下，企业容易忽略应收账款可能产生的坏账风险，做出投资 B 项目的决策。如果赊账企业信用不佳，则该决策显然存在问题。

（4）容易使企业财务决策偏向短期行为

有的企业为追求当期利润最大化，过度开采自然资源，牺牲环境以获利，这样的行为不具有可持续性。财务决策不能只考虑眼前利益，更应该考虑企业的可持续健康发展。

2. 股东财富最大化

股东财富最大化要求企业通过财务管理为股东创造更多的财富。这种观点认为，股东创办企业的目的就是获得更多的财富，财务管理工作应从股东利益出发追求股东财富最大化。股东财富最大化表现在股东拥有和控制的资源在未来获得更多的净现金流量。对于上市公司而言，股票市值代表了股东的财富，也体现着市场对企业价值所作的评价。在股票数量一定的条件下，股票价格越高，股东的财富就越多。与利润最大化目标相比，股东财富最大化目标的优点在于：

第一，考虑了货币时间价值和风险因素。企业的预期收益、收益时间以及风险的高低都会对股票价格产生重要影响。

第二，反映了资本和报酬之间的关系。股票价格直接反映的是单位投入资本的市场价格。

第三，在一定程度上能够克服企业在追求利润上的短期行为，因为企业的未来利润会对企业股票价格产生重要影响。

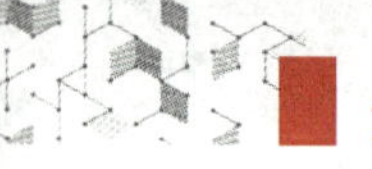

但是，这种目标适用范围狭窄，只强调股东的利益，忽视了股东以外的企业相关者的利益。实质上，股票价格常受到非经济因素的影响，难以准确地反映股东的真实财富。

3. 企业价值最大化

企业价值最大化是指企业财务管理行为应以企业价值最大为目标。企业价值最大化要求企业充分考虑货币时间价值以及风险与报酬的关系，采用最佳的财务决策，保证企业在长期稳定发展的基础上实现企业总价值最大化。

企业价值并非企业资产的账面价值，而是企业全部资产的市场价值。企业价值不等同于企业利润，它既包含了企业新创造的价值，也包含了企业潜在的或预期的获利能力，是企业所有者和其他利益相关者所获回报的总和。

现代企业是多边契约关系的集合体，财务管理不能只考虑股东的利益，而应从企业整体利益出发。把企业价值最大化作为财务管理目标的优点在于，它兼顾了风险与报酬，重视货币时间价值，考虑了取得报酬的时间，重视企业长期稳定发展和持续获利的能力，用价值取代价格，规避企业短期行为，避免过多外界干扰。事实上，以企业价值最大化为目标还可以提醒企业在提高经济效益的同时，要关注员工福利、环境污染、产品质量、科技创新等问题，这样更能体现企业主体和利益相关者的综合利益。企业价值最大化的观点已经被越来越多的企业认同。

第二节 财务管理的主体和体制

【情境导入】

李总加入佳佳公司后，先了解了公司的股权结构。佳佳公司为有限责任公司，法定代表人为陈大年。公司注册资本为 1 亿元人民币，其中，陈大年个人出资 4 000 万元，北京鲲鹏设计有限责任公司出资 3 000 万元，北京飞达服装有限责任公司出资 3 000 万元。

那么，佳佳公司财务管理的主体是大股东陈大年吗？

一、财务管理的主体

1. 财务管理主体的概念和特点

财务管理主体指能自主组织财务活动并独立承担经济责任的实体。它通常具有以下特点：

（1）拥有独立的资本金

财务管理主体都必须拥有独立的资本金，以保证财务活动正常进行，并能承担相应的经济责任。财务管理主体可以是经济实体，也可以是非经济实体。

（2）享有自主理财权利

每个财务管理主体都有自己的财务管理目标。为了保证财务管理目标的实现，财务

管理主体必须享有自主理财的权利。财务管理主体的自主理财权利包括筹资权、投资权、营运权、收益分配权等。

（3）独立承担经济责任

财务管理主体享有自主理财权利的同时也应承担相应的经济责任。作为财务管理主体的企业，必须独立承担支付货款、偿还债务、缴纳税费、分配收益和支付薪酬等责任。当企业发生亏损时，还应承担亏损的责任。

2. 财务管理主体与会计主体、法律主体的关系

财务管理主体通常也是会计主体。但在特定的情况下，没有决策权的会计主体就不能成为财务管理主体。例如，仅为企业财务决策提供会计信息的下属独立核算单位，由于不具有决策权，就无法成为财务管理主体。企业财务管理主体地位的确立关乎企业的发展，能促使企业及时取得有关信息，自主开展财务管理活动，独立承担经济责任，形成良性循环的经营机制。

财务管理主体与法律主体通常是一致的。企业法人能自主组织财务活动并独立承担经济责任，成为财务管理主体，同时，财务管理主体的独立性要求它在法律上也是独立的法律主体。

但是，财务管理主体与法律主体有时也不一致。例如，个人独资企业与合伙企业能自主组织财务活动并独立承担经济责任，是财务管理主体，但有些国家的法律否认它们的法律地位，它们只能以自然人的身份享有民事权利，承担民事责任。在这些国家，母公司投资设立的独立子公司具有法人资格，依法独立承担民事责任，但如果它们被母公司完全控制或实质控制，则不享有完全自主的理财权利，不是财务管理主体。

二、财务管理的体制

财务管理体制是企业管理体制的一个重要组成部分，是划分企业财务管理方面权责利关系的一种基本规则和制度安排，是财务关系的具体表现形式。

1. 宏观财务管理体制

宏观财务管理体制是协调政府部门与企业之间财务关系的基本规则和制度安排，国家一般以法律、法规、规章、规范性文件等形式确立宏观财务管理体制，对企业符合市场需求的行为予以引导和扶持。

2. 微观财务管理体制

微观财务管理体制即企业内部财务管理体制，它是企业内部财务关系的表现形式。投资者和经营者通过企业章程、财务制度等形式确立企业内部财务管理体制，它是企业组织财务活动、处理财务关系的根本依据。按照集权化程度不同，可将其分为集权式、分权式、混合式三种类型，见表 1-1。

表 1-1　企业内部财务管理体制的主要类型

类型	基本特点	优缺点
集权式财务管理体制	企业内部各部门的所有财务管理决策权都集中统一，各部门没有财务决策权	有利于企业整体政策的贯彻，可以最大限度地发挥企业整体在人才、信息、资源上的优势，使企业集中力量达成目标 降低资金成本和风险损失 影响各部门工作的主动性、积极性和灵活性 管理程序复杂，影响企业对市场的及时应变能力，容易丧失市场机会
分权式财务管理体制	企业将财务决策权与管理权下放到各部门，各部门只需将一些决策结果报请总部备案即可	能充分调动各部门管理者的积极性 各部门容易从本位利益出发，缺乏整体观念和全局意识 总部缺乏指挥协调，容易造成资金成本增加、费用失控等现象
混合式财务管理体制	实质是集权下的分权。各部门对日常经营活动具有较大的自主权，在所有重大问题的决策和处理上则实行高度集权	吸收了集权式财务管理体制和分权式财务管理体制各自的优点，避免了两者各自的缺点，具有较大的优越性 对分权度和集权度的科学把握是一大难题

第三节　财务管理的环节

【情境导入】

李总强调，提升佳佳公司财务管理水平的关键是业务和财务融合工作，财务部要熟悉企业生产经营各个环节、各类业务，重视预测，做好计划，抓好执行，严控考核。而预测、计划、执行和考核工作就是财务管理的环节，它们之间有着紧密的联系。

财务管理环节是指财务管理的工作步骤和程序。一般来说，企业财务管理包括财务预测、财务计划、财务预算、财务决策、财务控制以及财务分析与考核六个环节，如图 1-3 所示。

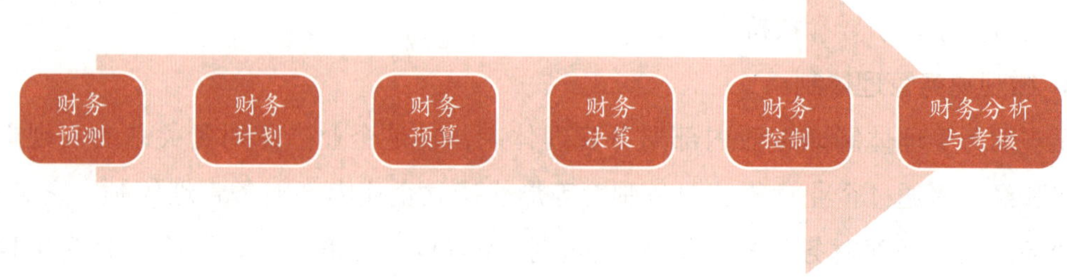

图 1-3　财务管理的环节

一、财务预测

财务预测是按照企业要求，根据财务活动的历史资料，结合现实条件，对企业未来财务活动和财务成果做出科学预计和测算的过程。财务预测的主要内容包括筹资预测、成本费用预测、营业收入预测、利润预测等。

财务预测的主要作用包括：测算经营方案的经济效益，为财务决策提供依据；预计财务收支等情况，确定经营目标；测定各项定额和成本标准等，为编制计划、分解计划指标服务。

财务预测方法有定性预测和定量预测两种。定性预测主要依靠人的主观判断和分析能力，定量预测包括因果预测预测法、回归分析法等。

二、财务计划

财务计划是根据企业战略目标和规划，结合财务预测结果对财务活动进行规划，并以具体指标形式落实到每个期间的过程。财务计划通过一系列指标，以货币形式反映计划期间企业的财务活动情况。制定财务计划指标的常用方法有因素法、比例法、定额法等。

三、财务预算

财务预算是根据财务战略、财务计划和相关信息，运用科学的技术手段和数学方法，确定预算期内各种预算指标的过程。财务预算是组织和控制企业财务活动的依据，是财务战略的具体化，是财务计划的分解和落实。

财务预算的主要内容包括筹资预算、投资预算、成本费用预算、收入预算、利润预算等。财务预算编制方法包括固定预算法、弹性预算法、增量预算法、零基预算法、定期预算法和滚动预算法等。

四、财务决策

财务决策是指在财务管理目标的总体要求下，采用专门方法从多个备选方案中筛选出最佳方案的过程。财务决策是财务管理的核心，其内容包括筹资决策、投资决策、成本费用决策、收入决策、利润分配决策等。

财务决策的方法主要包括经验判断法、比较分析法、线性规划法、概率决策法、大中取小法、小中取大法等。

五、财务控制

财务控制是利用有关信息和特定手段，对企业的财务活动加以影响或调节，以便实现财务目标的过程。有效的财务控制可确保财务预算任务顺利完成。财务控制的主要内容包括筹资控制、投资控制、资金收支控制、成本费用控制、利润控制等。

财务控制可分为前馈控制、过程控制和反馈控制，具体措施包括预算控制、运营分

析控制和绩效考评控制等。

六、财务分析与考核

财务分析是以核算资料为依据，运用特定方法系统分析和评价企业财务状况、经营成果及未来趋势的过程。通过财务分析，企业可以掌握各项财务计划的执行情况，评价财务状况，研究和掌握企业财务活动的规律，改善管理水平，提高经济效益。财务分析的主要内容包括偿债能力分析、营运能力分析、盈利能力分析等。财务分析的方法包括比较分析法、比率分析法、趋势分析法等。

财务考核是指将报告期的实际数与规定的考核指标进行对比，确定有关单位或个人任务完成情况的过程。财务考核与奖惩制度挂钩，是构建奖励机制和约束机制的关键环节。绝对指标、相对指标或多种财务指标均可在财务考核中组合使用。

上述六个财务管理环节相互配合、紧密联系、周而复始，构成了完整的财务管理工作体系。

第四节 财务管理的环境

【情境导入】

财务管理的目标在于通过合适的理财决策提升企业价值。李总认为，财务管理人员只有认真研究企业财务管理所处环境的现状和发展趋势，才能更好地实现企业财务管理目标。而这些理财决策，会受到财务管理环境的影响。

财务管理环境又称理财环境，是指对企业财务活动和财务管理产生影响和作用的企业内外部条件的总和。财务管理环境是企业财务管理赖以生存的土壤，也是企业开展财务活动的舞台，一般分为外部环境和内部环境。

一、财务管理的外部环境

财务管理外部环境涉及的内容很多，其中对企业财务管理影响较大的主要是经济环境、法律环境、金融环境和社会文化环境等。

1. 经济环境

经济环境是影响企业财务管理的各类经济因素，包括经济周期、通货膨胀、经济发展水平、经济政策等。

（1）经济周期

市场经济下，经济发展呈波动性，一般经历复苏、繁荣、衰退和萧条四个阶段的循环，这种循环被称为经济周期。经济周期对企业发展影响巨大，企业应及时感知并预测经济变化情况，根据经济周期特性调整财务管理策略，如图 1-4 所示。

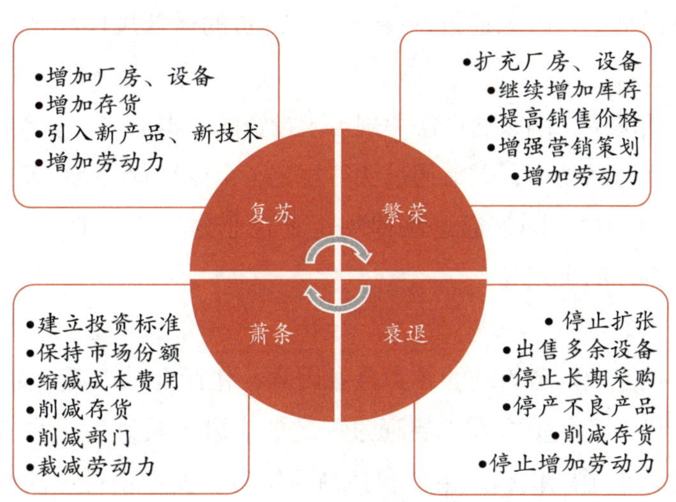

图 1-4 经济周期中的财务管理策略

（2）通货膨胀

通货膨胀是指物价持续上涨的现象，这里的物价不是某个商品的价格，而是一般的物价总水平。通货膨胀对企业财务管理的影响体现在诸多方面，如资金占用量加大、利润虚增、筹资成本增加、有价证券价格下降、筹资更难等。为减轻通货膨胀的影响，企业应当做好资本保值、增值的各种措施，尤其在通货膨胀期可严格控制信用条件，减少企业债权，与客户签订长期稳定的采购合同以减少因通货膨胀带来的物价上涨损失。

（3）经济发展水平

按照经济发展水平不同，一般把国家划分为发达国家、发展中国家和不发达国家三类。发达国家的经济发展水平处于领先地位，其长期的经济发展历程使资本相对集中，企业财务管理水平也比较高。发展中国家经济基础较薄弱但发展速度快，经济政策变更相对频繁，企业财务管理存在一定困难。不发达国家经济发展水平低，第二、三产业不发达，企业财务管理水平也相对较低。

（4）经济政策

政府具有调控宏观经济的职能，其制定的国民经济发展规划、国家产业政策、国家财税政策、经济体制改革措施、各类行政法规等，都对企业的财务活动有重大影响。顺应经济政策导向，会给企业带来更大的经济利益。例如，国家给予高新技术企业一些扶持和税收优惠政策，有效引导企业增加研发投入，提高产品科技含量。当然，企业也要及时跟踪经济政策的变化趋势，学会趋利避害，保持财务决策的弹性。

2. 法律环境

财务管理的法律环境是指影响企业财务活动的各种法律、法规和规章制度。法律环境对财务管理的影响和制约主要体现在以下四个方面。

第一，在筹资活动中，国家通过法律规定了筹资的最低规模和结构，以及筹资的前提条件和基本程序等。

第二，在投资活动中，国家通过法律规定了投资的基本前提、基本程序及手续等。

第三，在生产经营活动中，国家通过法律规定了企业经营活动的范围、要求和责任。

第四，在分配活动中，国家通过法律规定了企业分配的类型、结构、方式和程序，以及分配过程中应办理的手续等。

3. 金融环境

金融环境是影响企业财务管理的各类金融因素，包括金融市场、金融工具、利率等。金融市场是指资金供应者和资金需求者通过一定的金融工具进行交易进而融通资金的场所。金融市场的主体是金融机构，主要包括商业银行、投资银行、证券公司、保险公司和各类基金公司等。其中，商业银行主要进行资金存贷，企业发行股票或债券必须借助投资银行，证券公司负责承接投资银行的业务，保险公司和各类基金公司是金融市场的主要投资者，它们集聚资金并投资各类市场。金融市场为企业理财提供信息，为筹资和投资提供场所，还能促进企业长短期资金的互相转化。

金融工具也称信用工具，是以书面形式发行和流通，用以确认债权人和债务人义务的书面证明。金融工具又分为基本金融工具和衍生金融工具两大类。常见的基本金融工具如货币、票据、股票、债券等。衍生金融工具又称派生金融工具，如各种远期合约、互换合约、期权合约、期货合约等，它种类繁多且具有高风险、高杠杆效应的特点。

利率作为财务决策的基本依据，是衡量资金增值水平的基本标准。资金的融通实质是资金通过利率在市场作用下的再分配，利率是企业财务管理的重要因素。

4. 社会文化环境

社会文化环境包括教育、科学、文化、艺术、世界观、理想信念、习俗等。企业的财务活动不可避免地会受到社会文化的影响。例如，随着我国企业诚信管理体系不断完善，企业的违约成本越来越高，经营环境得到优化，从而直接或间接影响着企业的财务管理工作。

二、财务管理的内部环境

财务管理的内部环境主要指企业内部环境。企业内部环境也称企业内部条件，是指企业内部的物质、文化环境的总和，由企业家精神、企业物质基础、企业组织类型、企业文化等构成。

企业组织类型是决定企业经营模式和财务特征的根本因素。按照出资人数和所负责任不同，企业主要分为个人独资企业、合伙企业和公司制企业三种组织类型，如图 1-5 所示。

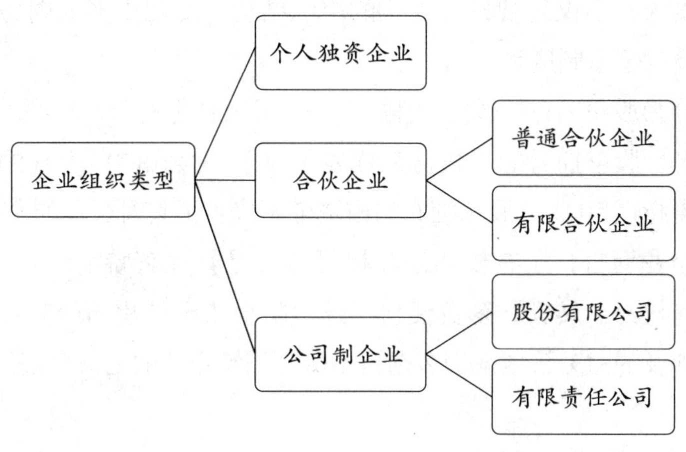

图 1-5　企业组织类型

1. 个人独资企业

个人独资企业是由一个自然人投资，财产为投资人个人所有，投资人以其个人财产对企业债务承担无限责任的经营实体。投资者个人经营，自负盈亏，自担风险，个人信用与企业信用息息相关。个人独资企业生命期与其所有者相关，所有权不容易转移，也不利于融资。

2. 合伙企业

合伙企业是指自然人、法人或其他组织依照法律在中国境内设立的，由两个或两个以上的合伙人通过订立合伙协议，共同出资、合伙经营、共负盈亏、共担风险的企业组织。合伙企业又分为普通合伙企业和有限合伙企业两种。

普通合伙企业包括特殊的普通合伙企业和一般的普通合伙企业。特殊的普通合伙企业中，一个合伙人或数个合伙人在执业活动中因故意或者重大过失造成合伙企业债务的，应当承担无限责任或者无限连带责任，其他合伙人则仅以其在合伙企业中的财产份额为限承担责任。一般的普通合伙企业由 2 个以上的普通合伙人组成，合伙人对合伙企业债务承担无限连带责任。

有限合伙企业由 2 人以上 50 人以下的普通合伙人和有限合伙人组成，其中普通合伙人至少有 1 人。普通合伙人对合伙企业债务承担无限连带责任，有限合伙人以其认缴的出资额为限对合伙企业债务承担责任。

当有限合伙企业只剩下普通合伙人时，应当转为普通合伙企业。如果只剩下有限合伙人，企业应当解散。

合伙企业开办容易，但存在生命有限、转让困难、筹资受限等缺点。

3. 公司制企业

公司制企业是指依照国家相关法律集资创建，实行自主经营、自负盈亏，由法定出资人（股东）组成，具有法人资格的独立经济组织。相对其他类型企业而言，公司制企

业成立和运营难度大，不仅需要设计合适的组织结构，处理更多的财务关系，还需要制定并执行详细具体的规章制度等。

公司制企业分为股份有限公司和有限责任公司。股份有限公司的资本划分为股份，每一股的金额相等，股东拥有的股权份额代表了股东在公司的所有权的比重。有限责任公司股东人数不得超过 50 人，股东拥有的出资证明代表了其对公司的所有权。

对于公司制企业而言，所有权和经营权可分离是其显著特征。公司作为独立法人，可永续经营，所有权易于转让，筹资便利。公司制企业已是我国最常见、最重要的企业组织类型。本书涉及的财务管理案例多选自小微公司制企业的财务管理活动。

思考与练习

1. 企业的财务活动具体分为哪几个方面？它们之间是什么关系？
2. 财务管理包括哪几个环节？每个环节的主要内容是什么？
3. 走访一家企业，了解其财务管理人员的具体工作内容。

第二章
财务管理的价值理念

学习目标

1. 理解货币时间价值的概念。
2. 理解报酬与风险的概念。
3. 掌握货币时间价值的计算方法。
4. 掌握报酬与风险的计量方法。

在金融市场里，资金如同一种商品，利率就像资金的价格。利率的存在赋予了资金在未来产生的额外价值，这便是货币时间价值。

报酬与风险贯穿于财务管理之中，无论资金预算、资本结构还是财务预决算，都需要根据报酬风险均衡原则进行最基本的分析。财会人员应当学会运用专业方法降低财务风险，提高投资效率。

思维导图

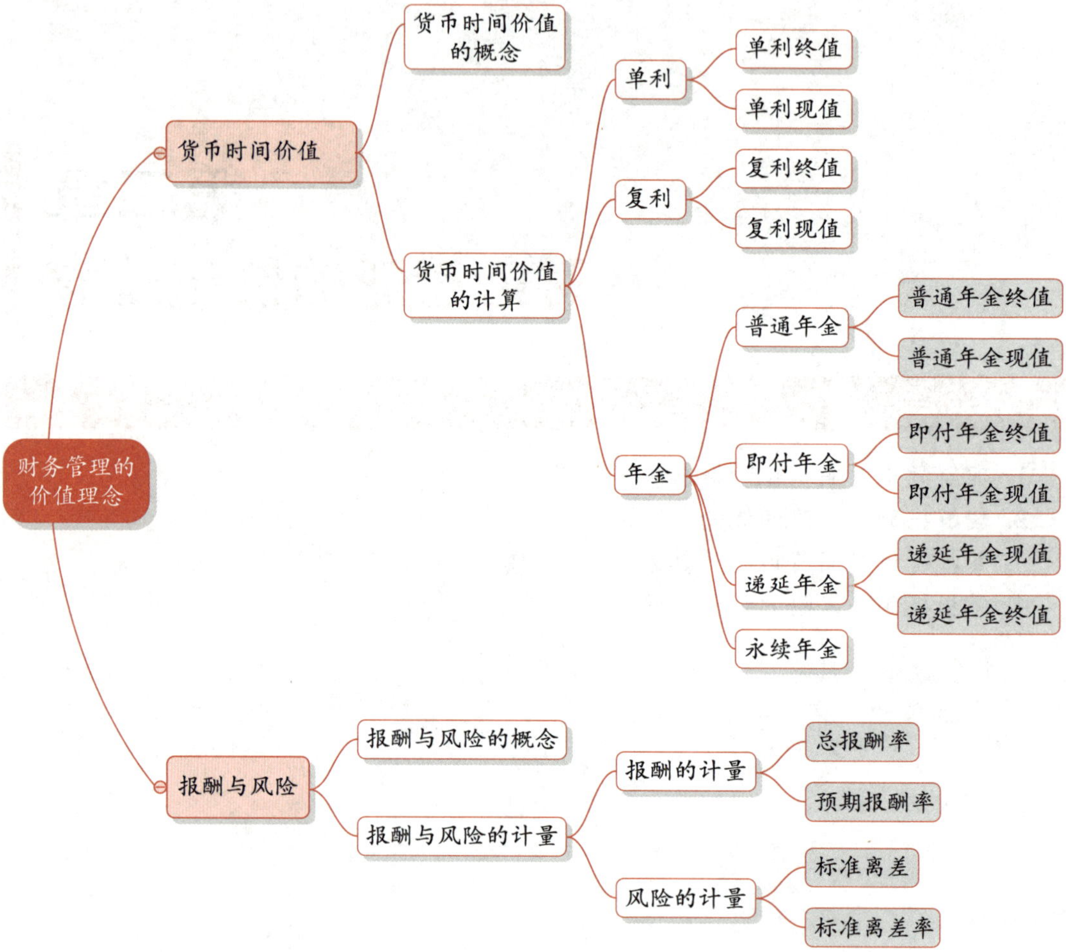

- 财务管理的价值理念
  - 货币时间价值
    - 货币时间价值的概念
    - 货币时间价值的计算
      - 单利
        - 单利终值
        - 单利现值
      - 复利
        - 复利终值
        - 复利现值
      - 年金
        - 普通年金
          - 普通年金终值
          - 普通年金现值
        - 即付年金
          - 即付年金终值
          - 即付年金现值
        - 递延年金
          - 递延年金现值
          - 递延年金终值
        - 永续年金
  - 报酬与风险
    - 报酬与风险的概念
    - 报酬与风险的计量
      - 报酬的计量
        - 总报酬率
        - 预期报酬率
      - 风险的计量
        - 标准离差
        - 标准离差率

第一节　货币时间价值

【情境导入】

佳佳公司决定入驻某电商产业园，利用园区优势开拓电商业务。经过实地考察，形成了两套方案。

A 方案：租赁 F 区 13 楼，租赁面积 803 平方米，每平方米月租金 60 元，月租金总额为 48 180 元。

B 方案：购买 G 区 17 楼，产权面积 921 平方米，总价 1 033 万元，银行贷款占 40%~60%，贷款为 20 年期，年利率为 6.7%~7.5%。

大部分股东认为，向银行贷款是筹措购买办公楼资金的一个重要选择，这样不需要短期内支付大笔款项，可以“用明天的钱买今天的东西”。经研究，公司决定采取 B 方案，自行购买办公楼，每月向银行支付房贷本息。不同的贷款方案也有不同的利息成本，李总需要仔细盘算每月支付的本利和，才不致影响公司正常生产经营。

一、货币时间价值的概念

货币时间价值是指货币经历一定时间的投资和再投资所增加的价值，表现为同一数量的货币在不同时点上具有不同的价值。

一般来说，在商品经济中，今天的 100 元钱比 1 年后的 100 元钱价值要大一些，因为利率赋予了现在 100 元可以产生的额外价值。换言之，不同时点的货币很难直接进行比较，需要把它们折算到同一个时点上，才能比较。

终值又称未来值，是货币在未来特定时点的价值，即若干期以后包含本金和利息在内的未来价值，又称本利和。与终值相反的是现值，即未来特定时点的货币相对于现在的价值。

计算货币时间价值时常用的符号及其含义如下：

P——现值（本金）

F——终值（本利和）

A——年金

I——利息

i——利率

n——计算利息的期数（一般以年为单位）

P/A——已知年金求现值

P/F——已知终值求现值

二、货币时间价值的计算

1. 单利终值和单利现值

(1) 单利

单利是按照固定本金计算利息的一种计息方法。一笔资金无论存期多长，只有本金计算利息，以前各期利息在下一个计息周期内不计算利息。

单利利息的计算公式为：

$$I=P\times i\times n$$

【例 2-1】佳佳公司收到华南区代理商寄出的一张带息商业汇票，汇票面值 15 800 元，票面年利率为 6.8%，期限为 6 个月。这张票据到期日的利息是（四舍五入保留两位小数）：

$$票据利息=15\ 800\times 6.8\%\times\frac{6}{12}=537.20（元）$$

(2) 单利终值

单利终值是指资金按单利计算的本金与未来利息之和（即本利和）。

单利终值的计算公式为：

$$F=P\times(1+i\times n)=P+P\times i\times n=P+I$$

【例 2-2】接上例，佳佳公司持有的商业汇票到期后的总价值是：

$$票据终值=15\ 800+15\ 800\times 6.8\%\times\frac{6}{12}=16\ 337.20（元）$$

【例 2-3】王某某一年年初在银行存入现金 1 万元，5 年期存款年利率为 2.75%（单利），从第 1 年年末到以后各年年末的存款终值是：

第 1 年年末存款终值 $=10\ 000\times(1+2.75\%\times 1)=10\ 275$（元）

第 2 年年末存款终值 $=10\ 000\times(1+2.75\%\times 2)=10\ 550$（元）

第 3 年年末存款终值 $=10\ 000\times(1+2.75\%\times 3)=10\ 825$（元）

第 4 年年末存款终值 $=10\ 000\times(1+2.75\%\times 4)=11\ 100$（元）

第 5 年年末存款终值 $=10\ 000\times(1+2.75\%\times 5)=11\ 375$（元）

（3）单利现值

单利现值是指以后年份收到或支出的资金按单利计算的现在价值，可用倒求本金的方法计算。

单利现值的计算公式为：

$$P=\frac{F}{1+i\times n}$$

【例 2-4】张某在银行有一笔存款，存款年利率为 2.75%，他每年年末从银行取出 1 万元，从第 1 年到第 5 年这 1 万元的各年现值是：

$$\text{第 1 年现值}=\frac{10\ 000}{1+2.75\%\times 1}\approx 9\ 732.36\text{（元）}$$

$$\text{第 2 年现值}=\frac{10\ 000}{1+2.75\%\times 2}\approx 9\ 478.67\text{（元）}$$

$$\text{第 3 年现值}=\frac{10\ 000}{1+2.75\%\times 3}\approx 9\ 237.88\text{（元）}$$

$$\text{第 4 年现值}=\frac{10\ 000}{1+2.75\%\times 4}\approx 9\ 009.01\text{（元）}$$

$$\text{第 5 年现值}=\frac{10\ 000}{1+2.75\%\times 5}\approx 8\ 791.21\text{（元）}$$

2. 复利终值和复利现值

复利俗称利滚利，即不仅本金要计算利息，利息也要计算利息。资金的时间价值一般都是按复利计算的。

（1）复利终值

复利终值是资金按复利计算的未来价值，可理解为本金在将来某个时间点上按复利计算的本金与利息之和。

复利终值的计算公式为：

$$F=P\times(1+i)^n=P\times(F/P,\ i,\ n)$$

式中的 $(1+i)^n$ 称为复利终值系数，可写作 $(F/P,\ i,\ n)$。

【例 2-5】王某将 1 万元投资于某项目，投资期为 5 年，年收益率为 8%，按复利计算每年年末的投资收益及本金的合计数即复利终值是：

第 1 年年末的复利终值 $=10\ 000\times(1+8\%)^1=10\ 800$（元）

第 2 年年末的复利终值 $=10\ 000\times(1+8\%)^2=11\ 664$（元）

第 3 年年末的复利终值 = 10 000×$(1+8\%)^3$≈12 597.12（元）

第 4 年年末的复利终值 = 10 000×$(1+8\%)^4$≈13 604.89（元）

第 5 年年末的复利终值 = 10 000×$(1+8\%)^5$≈14 693.28（元）

为简化和加速计算，可根据书后附表一“复利终值系数表”进行查询。该表的第一行是利率 i，第一列是期数 n，对应的 $(1+i)^n$ 值在期数和利率相交处。通过该表可查出（F/P，8%，5）= 1.469 3。在上例中，用该系数乘以本金 10 000 元可以得出第 5 年年末的终值为 14 693 元，其结果与上例计算结果一致（尾差可忽略不计）。本书各例中使用的复利终值系数一般取 3~4 位小数。

（2）复利现值

复利现值是以后年份收到或支出的资金按复利计算的现在价值，也可理解为为了在将来取得一定本利和，倒求现在所需投入的本金。将终值转成现值称为折现（贴现），所使用的利率称为折现率（贴现率）。折现率可理解为未来价值转化为当前价值的打折程度。

复利现值的计算公式为：

$$P = F\times(1+i)^{-n} = \frac{F}{(1+i)^n}$$

式中的 $(1+i)^{-n}$ 称为复利现值系数，可写作（P/F，i，n）。为便于计算，可查询本书附表二“复利现值系数表”取得相关系数。

【例 2-6】某项投资预计 5 年后可获得收益 5 万元。假设存款年利率为 8%，则现在应投入的资金额（现值）是：

现在应投入的资金额 = 50 000×$(1+8\%)^{-5}$≈34 029.16（元）

本例可通过查询“复利现值系数表”快速进行计算。

三、年金

年金是指一定时期内每次等额收付的款项。年金的表现形式包括保险金、养老金、租金、等额分期收付款等。年金具有等额性和连续性的特点，但年金的间隔期不局限于年，可以是任何相同的时间段。年金按照收付时点和方式不同可分为普通年金、即付年金、递延年金和永续年金四种。

1. 普通年金

普通年金又称后付年金，是指每期期末等额收付的年金，它是现实经济生活中最常见的年金形式，如图 2-1 所示。

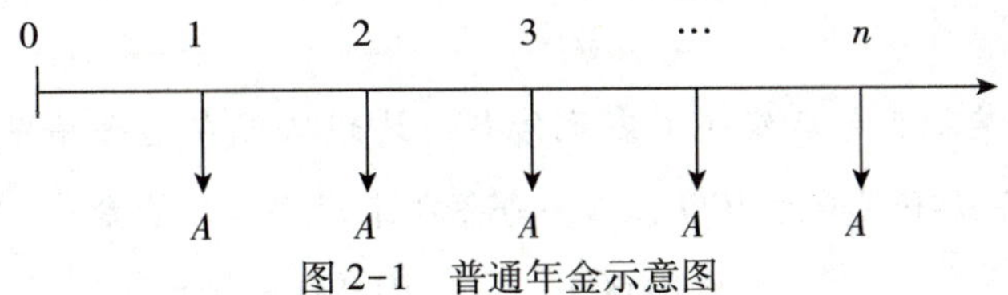

图 2-1　普通年金示意图

注：横轴代表时间的延续，横轴上的数字即各期顺序号，竖向箭头的位置表示收付款项的时点，箭头下端的字母表示收付的等额年金。

（1）普通年金终值

普通年金终值犹如零存整取的本利和，它是一定时期内每期期末等额收付款项的复利终值之和。如果年金相当于零存整取储蓄存款的零存数，那么普通年金终值就是零存整取的整取数。

普通年金终值的计算公式是：

$$F=A+A(1+i)^{1}+A(1+i)^{2}+A(1+i)^{3}+\cdots+A(1+i)^{n-1}$$

整理后，得到：

$$F=\frac{A(1+i)^{n}-A}{(1+i)-1}=A\times\frac{(1+i)^{n}-1}{i}=A\times(F/A,\ i,\ n)$$

式中的$\frac{(1+i)^{n}-1}{i}$称为普通年金终值系数，可写作（F/A，i，n）。可通过查询书后附表三“年金终值系数表”取得相关系数。

【例 2-7】王某每年年末在银行存入 1 000 元，连续存 3 年。假设存款年利率为 10%，第 3 年年末王某可取资金（年金终值）是：

$$年金终值=1\ 000\times(F/A,\ 10\%,\ 3)=1\ 000\times\frac{(1+10\%)^{3}-1}{10\%}=3\ 310\ （元）$$

具体计算过程如图 2-2 所示。

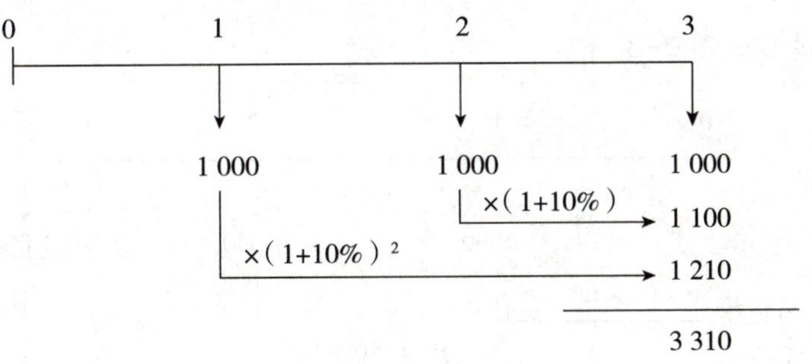

图 2-2　普通年金终值计算示例

企业有时需要在约定的未来某一时点偿还债务，为确保及时偿还，企业可以选择建立偿债基金。偿债基金类似年金，是按计划分次等额存入银行的款项，按复利计算利息，可通过普通年金终值的计算公式倒求出每年应存入银行的金额。

【例 2-8】王某拟 5 年后偿还 1 万元债务，计划从现在起每年年末等额存入银行一笔款项。假设存款年利率为 10%，王某每年年末应存入的资金是：

$$每年年末应存入的资金=\frac{10\ 000}{(F/A,\ 10\%,\ 5)}\approx\frac{10\ 000}{6.105\ 1}\approx 1\ 637.97\ (元)$$

（2）普通年金现值

普通年金现值是指在未来每期期末等额收付的款项的现值之和。

普通年金现值的计算公式是：

$$P=A(1+i)^{-1}+A(1+i)^{-2}+A(1+i)^{-3}+\cdots+A(1+i)^{-n}$$

整理后，得到：

$$P=A\times\frac{1-(1+i)^{-n}}{i}=A\times(P/A,\ i,\ n)$$

式中的$\frac{1-(1+i)^{-n}}{i}$是普通年金现值系数，可写作（P/A，i，n）。可通过查询书后附表四“年金现值系数表”取得相关系数。

【例 2-9】王某每年年末要支付子女教育费用 1 000 元，连续支付 3 年。假设存款年利率为 10%，为保证未来能够支付上述费用，王某现在要一次性存入的资金（即年金现值）是：

$$\begin{aligned}年金现值&=1\ 000\times(P/A,\ 10\%,\ 3)\\&=1\ 000\times(1+10\%)^{-1}+1\ 000\times(1+10\%)^{-2}+1\ 000\times(1+10\%)^{-3}\\&\approx 2\ 486.85\ (元)\end{aligned}$$

具体计算过程如图 2-3 所示。

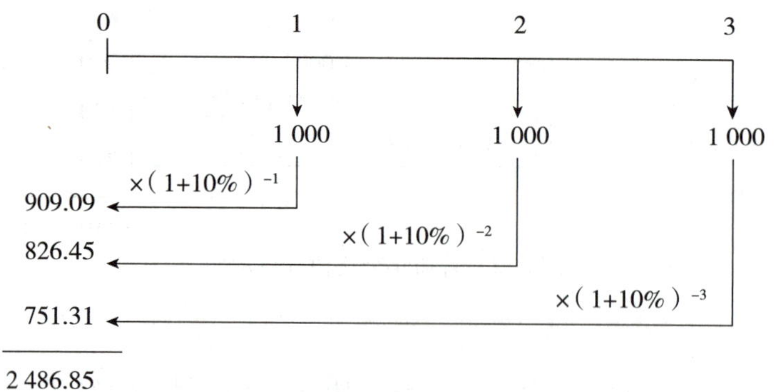

图 2-3　普通年金现值计算示例

普通年金现值计算公式还可以用于计算投资回收额，即在约定年限内等额收回初始投入资本或清偿所欠债务的金额。

【例 2-10】王某向银行贷款 100 万元投资于某项目，贷款年利率为 10%。假设该项目经营周期为 5 年，要实现保本，王某每年年末至少应收回的金额是：

$$每年年末至少应收回的金额=\frac{100}{(P/A,\ 10\%,\ 5)}\approx\frac{100}{3.7908}\approx 26.38\ （万元）$$

2. 即付年金

即付年金又称先付年金、预付年金，是指在每期期初等额收付的年金，如图 2-4 所示。普通年金收付时间为每期期末，即付年金收付时间为每期期初。

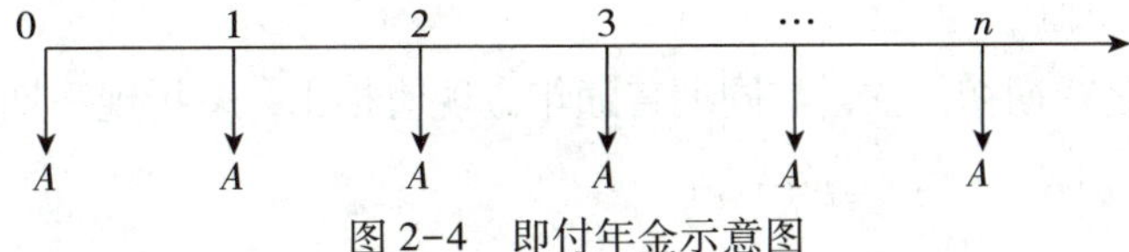

图 2-4　即付年金示意图

(1) 即付年金终值

即付年金终值是最后一期期末时的本利和，计算原理如图 2-5 所示。

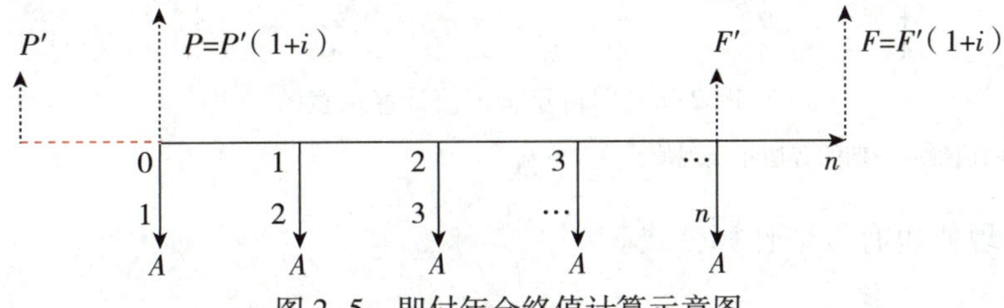

图 2-5　即付年金终值计算示意图

注：图中的 P' 是虚拟提前 1 期的初始现值，F' 是视同普通年金 n 期计算出的参考值，n 期即付年金与 n 期普通年金付款次数相同，但付款时间不同，n 期即付年金终值比 n 期普通年金多计算 1 期利息。

即付年金终值有两种计算方法，其计算结果是相同的。对应的公式如下：

公式一：

$$\begin{aligned} F &= A(1+i)^1+A(1+i)^2+A(1+i)^3+\cdots+A(1+i)^n \\ &= A\times\left[\frac{(1+i)^{n+1}-1}{i}-1\right]=A\times[(F/A,\ i,\ n+1)-1] \end{aligned}$$

式中的 $\left[\frac{(1+i)^{n+1}-1}{i}-1\right]$ 是即付年金终值系数，可写作 $[(F/A,\ i,\ n+1)-1]$。与普通年金终值系数 $\frac{(1+i)^n-1}{i}$ 相比，其期数加 1，系数减 1。为简化计算，可利用“普通年金终值系数表”查得 $n+1$ 期的值，减去 1 后即得出即付年金终值系数。

公式二：

$$F=A\times(F/A, i, n)\times(1+i)$$

【例 2-11】王某每年年初在银行存入 5 万元，存款年利率为 5%，王某在第 5 年年末可以取出的存款金额（即付年金终值）是：

方法一：

即付年金终值 $=50\ 000\times[(F/A, 5\%, 6)-1]\approx50\ 000\times(6.801\ 9-1)=290\ 095$（元）

方法二：

即付年金终值 $=50\ 000\times(F/A, 5\%, 5)\times(1+5\%)\approx50\ 000\times5.525\ 6\times1.05\approx50\ 000\times5.801\ 9=290\ 095$（元）

（2）即付年金现值

即付年金现值是在期初付款，与同期普通年金现值相比，多折现一期，如图 2-6 所示。

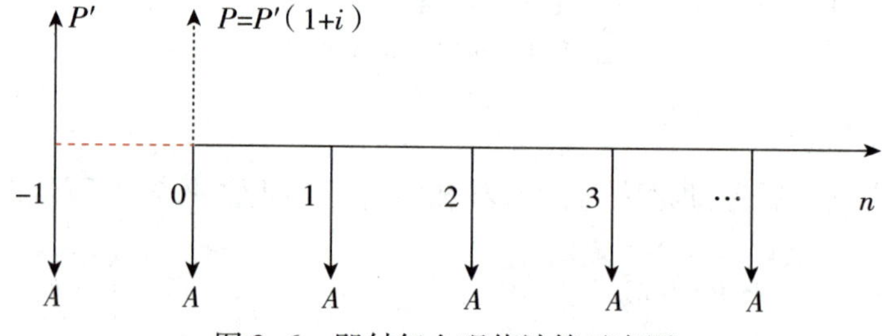

图 2-6　即付年金现值计算示意图

注：P'为 P 向前延展一期的普通年金现值。

即付年金现值也有两个计算公式。

公式一：

$$P=A+A(1+i)^{-1}+A(1+i)^{-2}+A(1+i)^{-3}+\cdots+A(1+i)^{-(n-1)}=A\times[(P/A, i, n-1)+1]$$

公式二：

$$P=A\times\frac{1-(1+i)^{-n}}{i}\times(1+i)=A\times\left[\frac{1-(1+i)^{-(n-1)}}{i}+1\right]=A\times(P/A, i, n)\times(1+i)$$

式中的$\left[\frac{1-(1+i)^{-(n-1)}}{i}+1\right]$是即付年金现值系数，可写作$[(P/A, i, n-1)+1]$。与普通年金现值系数$\frac{1-(1+i)^{-n}}{i}$相比，其期数减 1，系数加 1。可利用“年金现值系数表”查得 $n-1$ 期的值，再加上 1 后即得到即付年金现值系数。

【例 2-12】王某计划在银行存入一笔养老金，假设存款年利率为 8%，在未来 10 年，王某每年年初从银行取出 5 万元用于赡养老人，则王某现在需要一次性存入的养老金（即付年金现值）是：

方法一：

即付年金现值 $=50\ 000\times[(P/A,\ 8\%,\ 9)+1]$

$\approx 50\ 000\times(6.246\ 9+1)$

$=362\ 345$（元）

方法二：

即付年金现值 $=50\ 000\times(P/A,\ 8\%,\ 10)\times(1+8\%)$

$\approx 50\ 000\times 6.710\ 1\times 1.08$

$\approx 50\ 000\times 7.246\ 9$

$=362\ 345$（元）

3. 递延年金

递延年金又称延期年金，是指在最初若干期没有收付款项的情况下，后面若干期有系列等额收付款项的年金，它是普通年金的特殊形式，如图 2-7 所示。

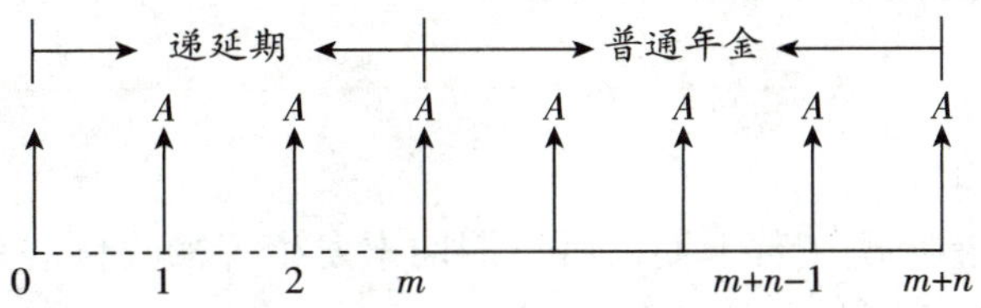

图 2-7 递延年金示意图

注：m 表示递延期，n 表示发生等额收付款项的期数，最后一笔等额收付款项对应的期数是 $m+n$。

（1）递延年金现值

递延年金现值是间隔一定时期后每期期末或期初等额收付资金的复利现值之和，其计算公式是：

公式一（假设在递延期内每期均收付款项）：

$$P=A\times[(P/A,\ i,\ m+n)-(P/A,\ i,\ m)]$$

上述公式的含义是，先求出 $m+n$ 期普通年金现值，再减去前 m 期普通年金现值，二者之差便是延期 m 期的 n 期普通年金现值，即递延年金现值。

公式二（两次折现）：

$$P=A\times(P/A,\ i,\ n)\times(P/F,\ i,\ m)$$

上述公式的含义是，先求出普通年金在 n 期期初（或 m 期期末）的现值，再将其作为终值折现至 m 期的期初，即得出递延年金现值。

公式三（先求递延年金终值再折现为现值）：

$$P=A\times(F/A,\ i,\ n)\times(P/F,\ i,\ m+n)$$

上述公式的含义是，先求出 n 期普通年金现值，再将其折现 $m+n$ 期，即得出递延年金现值。

【例 2-13】王某计划 3 年后每年年末在银行存入 5 万元，连续存 5 年。假设存款年利率为 10%，在复利计息的情况下，该笔款项的现值（递延年金现值）是：

方法一：

递延年金现值 $=50\ 000\times[(P/A,\ 10\%,\ 8)-(P/A,\ 10\%,\ 3)]\approx50\ 000\times(5.334\ 9-2.486\ 9)=142\ 400$（元）

方法二：

递延年金现值 $=50\ 000\times(P/A,\ 10\%,\ 5)\times(P/F,\ 10\%,\ 3)\approx50\ 000\times3.790\ 8\times0.751\ 3\approx50\ 000\times2.848\ 0=142\ 400$（元）

方法三：

递延年金现值 $=50\ 000\times(F/A,\ 10\%,\ 5)\times(P/F,\ 10\%,\ 8)\approx50\ 000\times6.105\ 1\times0.466\ 5\approx50\ 000\times2.848\ 0=142\ 400$（元）

（2）递延年金终值

递延年金终值是指距现在若干期以后每期期末发生等额收付的一系列款项的复利终值之和，其计算方法与普通年金终值相同，计算公式是：

$$F=A\times(F/A,\ i,\ n)$$

4. 永续年金

大多数年金都有一定的支付期间，然而有一种年金的支付是没有期限的，它称为永续年金，如优先股的股息、英国政府发行统一公债所产生的利息、可永久发挥作用的商誉等。永续年金是无限期等额收付的特种年金，它没有终值只有现值。永续年金现值即每期支付的现金流金额与投资者所要求的收益率的比值。

如果每个期间的期末支付，则永续年金现值的计算公式是：

$$P=\frac{A}{i}$$

如果每个期间的期初支付，则永续年金现值的计算公式是：

$$P=\frac{A}{i}+A$$

【例 2-14】佳佳公司与某电商学院展开了校企合作，计划设立奖学金，奖励品学兼优的学生，每学年奖励学生 20 名，奖励总额 12 万元。李总提议将这些资金投资于年息 6%的长期国债，到期分批提取并划转至奖学金专用账户。该奖学金所要存入的本金（永续年金现值）是：

如果每年利息是年末支付，则：

应存入的本金 $=A/i=12\div 6\%=200$（万元）

如果每年利息是年初支付，则：

应存入的本金 $=A/i+A=200+12=212$（万元）

货币时间价值揭示了不同时点的资金之间的换算关系，是财务决策的基本依据，在财务管理中应根据实际情况加以应用。

货币时间价值的计算非常灵活，所涉及的计算公式见表 2-1。

表 2-1　货币时间价值计算公式

项目	公式
单利终值	$F=P\times(1+i\times n)$
单利现值	$P=F/(1+i\times n)$
复利终值	$F=P\times(F/P, i, n)$
复利现值	$P=F\times(P/F, i, n)$
普通年金终值	$F=A\times(F/A, i, n)$
普通年金现值	$P=A\times(P/A, i, n)$
即付年金终值	$F=A\times[(F/A, i, n+1)-1]$ $F=A\times(F/A, i, n)\times(1+i)$
即付年金现值	$P=A\times[(P/A, i, n-1)+1]$ $P=A\times(P/A, i, n)\times(1+i)$
递延年金终值	$F=A\times(F/A, i, n)$
递延年金现值	$P=A\times[(P/A, i, m+n)-(P/A, i, m)]$
	$P=A\times(P/A, i, n)\times(P/F, i, m)$
	$P=A\times(F/A, i, n)\times(P/F, i, m+n)$
永续年金现值	$P=A/i$
	$P=A/i+A$

第二节 报酬与风险

【情境导入】

通过半年的努力，佳佳公司电商业务发展势头良好，在某电商平台上开办的旗舰店的半年销售额已达到400万元，超过线下旗舰店半年销售额40%，且均为现款交易，积累了充足的流动资金。由于产品设计开发周期较长，短期内资金出现了闲置。如何最有效率地利用闲置资金，成了董事会的议题。

公司副总经理陈总和总经理张总建议将资金存于银行。但李总认为这一做法风险低、收益少，建议将一定比例资金投资于共同基金，以获取较高的收益。

陈总首先发言，他说："我们公司规模不大，这笔资金在下半年会用在一个投资项目中。为了安全起见，我想还是把钱存在银行，虽然利率不高，但至少保本保息。"

张总点点头说："现在电商部业绩虽好，但是线下门店销售吃紧，还有很多固定成本要支付。如果投资了共同基金，会不会影响我们下半年的资金周转？有没有更好的短期投资项目呢?"

李总解释说："共同基金由专业经理人操作，相对安全，投资回报率也比较稳定。由于近期银行存款利率实在太低，可以将一部分资金放在基金上，适度提高公司的抗风险能力，获取更多的投资回报。与投资股票相比，其风险低，所以我建议可做部分短线投资。"

陈总和张总要求李总先做好投资方案的策划和评估，再进行决策。

一、报酬与风险的概念

报酬也称收益，可以理解为财富的增加。

风险即不利事件，指会造成特定损失或伤害的意外性事件发生的可能性。从广义上讲，只要某一事件的发生存在着两种或两种以上的可能性，那么就认为该事件存在着风险。

报酬与风险是对称关系，等量风险带来等量报酬。简单而言就是高风险要求高报酬，低风险只能获得低报酬。根据报酬风险均衡原则进行财务管理的一般目标是，在一定的风险水平下使报酬达到较高的水平，或在报酬一定的情况下将风险控制在较低的水平。

二、报酬与风险的计量

1. 报酬的计量

报酬的高低可用投资期内已实现的总报酬率来衡量，或在投资前评估预期报酬率进

行比较。前者是“事后”的衡量，后者则是“事前”的衡量。

（1）总报酬率

总报酬率指从投入资产到出售获利期间的收益率。一般来说，总报酬至少应该包括收益所得和资本利得（或损失）两个主要部分。资产价值改变所获得的报酬称为资本利得，亏损称为资本损失。

总报酬和总报酬率的计算公式分别是：

总报酬=收益所得+资本利得（或损失）=收益所得+(资产期末价值-资产期初价值)

总报酬率=总报酬/资产期初价值=(资产期末价值-资产期初价值+收益所得)/资产期初价值

【例 2-15】佳佳公司 2020 年 3 月购买了 50 万元的国债，年利率为 5%，投资期为 1 年，现在这份国债已经按期售出，出售金额为 53 万元。这项投资的总报酬率是：

总报酬率=(53-50+50×5%)÷50=11%

国债价值增加的 3 万元即为资本利得，增加的 2.5 万元利息收入为投资收益所得，二者合计数为这项投资的总报酬额。

（2）预期报酬率

预期报酬率也称期望收益率、期望报酬率，是将各种可能的报酬率按其概率进行加权平均得到的报酬率。

预期报酬率的计算公式是：

$$\overline{K}=\sum_{i=1}^{n}(P_i \cdot K_i)$$

式中 $\overline{K}$——预期报酬率；

P_i——第 i 种结果出现的概率；

K_i——第 i 种结果的报酬率；

n——所有结果的数目。

概率表示各种不同预期报酬率出现的可能性。

【例 2-16】佳佳公司最近投资了两个项目，甲项目是开拓跨境电商业务，乙项目是在某电商平台开一家旗舰店。两个投资项目在公司未来不同发展情况下的概率和报酬率见表 2-2。

表 2-2 佳佳公司未来发展情况计算表

发展情况	概率（P_i）	甲项目报酬率	乙项目报酬率
繁荣	0.4	80%	30%
正常	0.4	20%	15%
衰退	0.2	-85%	25%

甲项目预期报酬率=0.4×80%+0.4×20%+0.2×(-85%)=23%

乙项目预期报酬率=0.4×30%+0.4×15%+0.2×25%=23%

甲项目的预期报酬率与乙项目相同，但甲项目在3种情况下的报酬率离散程度较高，风险更大。

2. 风险的计量

在财务管理中，风险指发生财务损失的可能性。以投资活动为例，风险可以理解为在投资期间，实际报酬率和预期报酬率之间的差异发生的可能性。

（1）标准离差

标准离差是样本平均数方差的开平方值，表示样本数据的离散程度，在报酬的计量中，也可以用来表示各种可能的报酬率偏离预期报酬率的程度，它是衡量风险大小的常用指标。预期报酬率标准离差的计算公式是：

$$\delta = \sqrt{\sum_{i=1}^{n}[(K_i - \overline{K})^2 \cdot P_i]}$$

式中 δ——预期报酬率的标准离差；

$\overline{K}$——预期报酬率；

K_i——第 i 种结果的报酬率；

P_i——第 i 种结果出现的概率；

n——所有结果的数目。

【例 2-17】接上例，甲、乙项目的预期报酬率相同，概率分布也相同。根据表 2-2，甲项目报酬率的离散程度在-85%~80%之间，乙项目报酬率的离散程度在15%~30%之间。为了更准确地衡量风险大小，还要计算预期报酬率的标准离差。

甲项目预期报酬率的标准离差为：

$$\delta=\sqrt{(80\%-23\%)^2\times0.4+(20\%-23\%)^2\times0.4+(-85\%-23\%)^2\times0.2}\approx60.30\%$$

乙项目预期报酬率的标准离差为：

$$\delta=\sqrt{(30\%-23\%)^2\times0.4+(15\%-23\%)^2\times0.4+(25\%-23\%)^2\times0.2}\approx6.78\%$$

两个项目的预期报酬率相同，需要再根据标准离差判断风险高低。标准离差越大，则离散程度越大，风险也越大，因此甲项目比乙项目风险高。

（2）标准离差率

标准离差反映随机变量的离散程度，是一个绝对值。标准离差率又称变异系数，是标准离差和预期报酬率的比值。标准利差率越大，风险越大。标准离差率指标的适用范围较广，尤其适用于预期报酬率不同的项目的风险程度比较。标准离差率的计算公式为：

$$V=\frac{\delta}{\overline{K}}$$

式中　V——标准离差率；

δ——标准离差；

$\overline{K}$——预期报酬率。

【例 2-18】假设甲项目和乙项目的预期报酬率分别是 10%和 16%，标准离差分别是 11%和 17%。由于两个项目的预期报酬率不同，所以要判断两个项目的风险哪个更大，应看其标准离差率。

甲项目的标准离差率 = 11% ÷ 10% = 1.1

乙项目的标准离差率 = 17% ÷ 16% = 1.062 5

甲项目的标准离差率大于乙项目，说明甲项目风险大于乙项目。

思考与练习

一、计算题

1. 王某计划购入一辆 10 万元的轿车，他的月收入为 1 万元，每月扣除家庭日常开支，有 5 000 元结余可以存入银行。假设银行零存整取利率均为 3%，而该款车的售价保持不变，王某需要连续存多少个月才能购买这辆车？每月月初存入款项与每月月末存入款项的结果会有什么不同？

2. 某公司准备购买一套办公用房，有以下两个付款方案可供选择。

甲方案：从现在起，每年年初付款 230 万元，连续支付 10 年，共计 2 300 万元。

乙方案：从第 5 年起，每年年初付款 300 万元，连续支付 10 年，共计 3 000 万元。

假设该公司的资金成本率为 8%，该公司应该选择哪个方案？

3. 王某每年年初在保险公司存入 3 000 元，连续存 10 年，其中第 5 年的年初多存入 5 000 元。如果保险公司约定的回报率为 8%，每年复利计息一次，存入最后一笔钱时王某可得的资金总额为多少？

二、案例分析题

佳佳公司计划投资一条新的生产线，需要使用资金 1 000 万元。公司计划于 2021 年 1 月 1 日从银行贷款 1 000 万元，贷款年利率为 8%，贷款期限为 8 年。银行提出以下 5 种还款方式，分别为：

1. 每年年末支付利息，本金在到期日一次付清。
2. 全部本利和在到期日一次付清。
3. 债务存续期间每年年末等额偿还本利和。
4. 从 2023 年年末开始，每年年末等额偿还本利和。
5. 从 2021 年年初开始，每年年初等额偿还本利和。

佳佳公司应该选用哪种还款方式？为什么？

第三章
筹资管理

学习目标

1. 熟悉企业主要的筹资方式。
2. 理解不同筹资方式的优缺点。
3. 掌握资金需要量预测的方法。
4. 掌握资金成本计算方法和资本结构决策方法。
5. 掌握经营杠杆、财务杠杆、综合杠杆的原理和计算方法。

如果说企业的财务活动是以现金收支为主的资金流转活动，那么筹资活动则是资金流转的起点。企业筹资方式一般包括股权筹资、债务筹资等。在筹资过程中，企业需要正确预测资金需要量，计算资金成本，做好杠杆分析，做出合理的资本结构决策。

思维导图

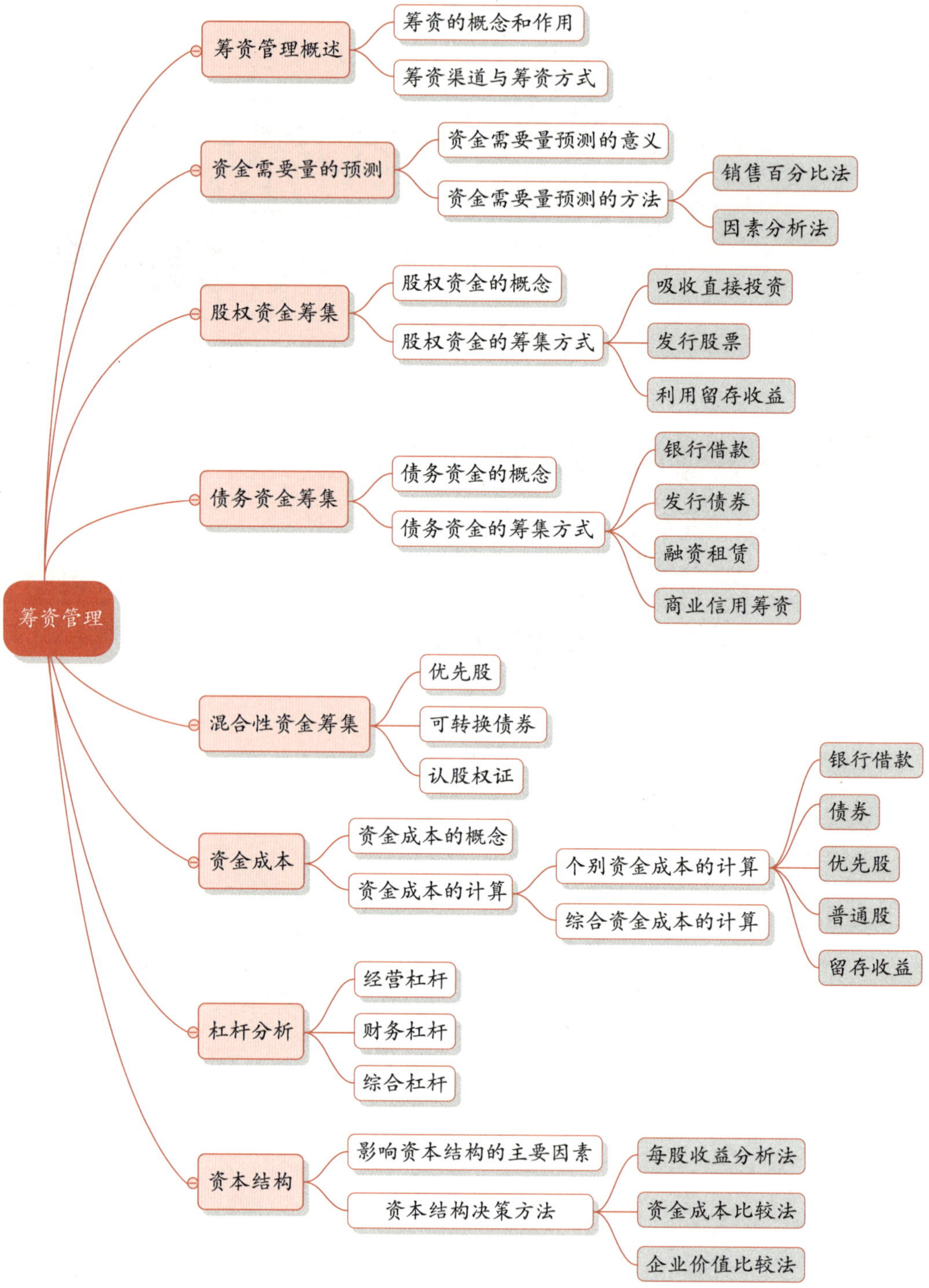

- 筹资管理
  - 筹资管理概述
    - 筹资的概念和作用
    - 筹资渠道与筹资方式
  - 资金需要量的预测
    - 资金需要量预测的意义
    - 资金需要量预测的方法
      - 销售百分比法
      - 因素分析法
  - 股权资金筹集
    - 股权资金的概念
    - 股权资金的筹集方式
      - 吸收直接投资
      - 发行股票
      - 利用留存收益
  - 债务资金筹集
    - 债务资金的概念
    - 债务资金的筹集方式
      - 银行借款
      - 发行债券
      - 融资租赁
      - 商业信用筹资
  - 混合性资金筹集
    - 优先股
    - 可转换债券
    - 认股权证
  - 资金成本
    - 资金成本的概念
    - 资金成本的计算
      - 个别资金成本的计算
        - 银行借款
        - 债券
        - 优先股
        - 普通股
        - 留存收益
      - 综合资金成本的计算
  - 杠杆分析
    - 经营杠杆
    - 财务杠杆
    - 综合杠杆
  - 资本结构
    - 影响资本结构的主要因素
    - 资本结构决策方法
      - 每股收益分析法
      - 资金成本比较法
      - 企业价值比较法

第一节　筹资管理概述

【情境导入】

佳佳公司召开会议，对入驻软件园办公事宜进行了讨论。

李总说："软件园的办公楼总价 1 033 万元，厂部生产线更新也需要 100 万元资金，公司闲置资金不足。如果需要购买办公楼，加上后期装修资金，就一定要进行筹资。我认为公司入驻软件园符合公司长期发展战略，可以向银行贷款，分期付款。如果租用办公楼，每月支付一定租金，没有压力。但是公司今年没有大额投资项目，资金会产生闲置。"

张总表示："入驻软件园在物流、对外合作、税收政策等方面都有优惠，且办公楼房价应该也会上涨，作为项目投资不会亏，我非常赞同。"

最终，佳佳公司决定购买软件园办公楼，由采购部、资产部、财务部共同完成该项工作。李总与银行工作人员进行了对接，银行工作人员查询了佳佳公司的信用报告后对贷款办理问题进行了介绍。然后，李总立刻回公司召开会议，对筹资工作进行安排。两周后贷款顺利办理完毕。

一、筹资的概念

筹资是指企业为了满足其经营活动、投资活动、资本结构调整等方面的需要，采取一定的筹资方式获取所需资金的一种行为。筹资活动是企业一项重要的财务活动，应该遵循合法性、效益性、合理性和及时性的原则。

二、筹资的作用

企业筹资是为了生存和发展。首先，筹资可以满足企业经营运转的资金需要。无论是企业新建，还是在企业日常生产经营期间，企业都需要维持一定数额的资金。其次，筹资可以满足企业投资发展的资金需要。企业在成长时期，因企业战略发展和资本经营的要求，需要扩大生产经营规模或对外投资，就需要筹集资金。

三、筹资渠道

筹资渠道指资金的来源和渠道。常见的筹资渠道有国家财政资金、银行信贷资金、非银行金融机构资金、企业内部资金、境外资金、其他法人资金、个人资金等。这些资金通过负债或者投资的方式注入企业，构成企业的资金来源，如图 3-1 所示。

四、筹资方式

筹资方式是企业融入资金所采用的具体方式，如吸收直接投资、发行股票、发行债

图 3-1　企业的资金来源

券、银行借款、融资租赁等，它从资金需求方角度明确企业取得资金的具体行为和方式。筹资方式可按不同标准分为以下几类。

1. 股权筹资、债务筹资和混合型筹资

按所取得资金的权益特性不同（资本属性），企业筹资分为股权筹资、债务筹资和混合型筹资。

股权筹资形成股权资本（又称权益资本），它是股东投入的，企业依法长期拥有且能够自主调配运用的资本。它一般通过吸收直接投资、发行股票、内部积累等方式取得，通常包括实收资本（或股本）和留存收益两部分。

债务筹资形成债务资本，它是企业依法取得，按照约定使用并按期偿还的资本，一般通过银行借款、发行债券、融资租赁等方式取得或形成。

混合型筹资兼具股权筹资和债务筹资的双重性质，如优先股筹资和可转换债券筹资。

2. 直接筹资与间接筹资

企业筹资按是否以金融机构为媒介分为直接筹资和间接筹资。直接筹资主要有吸收股东直接投资、发行股票、发行债券等。间接筹资是企业借助金融机构等外部渠道进行的筹资活动，如银行借款、融资租赁等。

3. 内部筹资与外部筹资

按资金来源不同，企业筹资分为内部筹资和外部筹资。内部筹资主要针对企业利润留存，不产生筹资费用，资金成本低。外部筹资主要包括发行股票或债券、银行借款、商业信用筹资等方式，需要花费一定的筹资费用，资金成本较高。

4. 长期筹资与短期筹资

企业筹资按所筹资金使用期限不同，分为长期筹资和短期筹资。长期筹资是指企业筹集的使用期限在一年以上的资金，主要目的在于形成或提升企业的生产和经营能力，扩大企业的生产经营规模以及对外投资等。短期筹资是指企业筹集的使用期限在一年以内的资金，主要用于企业补充流动资产和日常资金周转等。

筹资渠道和筹资方式关系密切。筹资渠道解决的是资金来源的问题，筹资方式解决的是怎样取得资金的问题，特定的筹资渠道只能配以相应的筹资方式，而一定的筹资方式可能只适用于某一特定的筹资渠道，企业应当注意二者的合理配合。筹资方式与筹资渠道的关系见表 3-1。

表 3-1　筹资方式与筹资渠道的关系

筹资渠道＼筹资方式	吸收直接投资	发行股票	商业信用筹资	银行借款	发行债券	融资租赁
国家财政资金	√	√				
银行信贷资金				√		
非银行金融机构资金	√	√		√	√	√
其他法人资金	√	√	√		√	√
职工和民间资金	√	√			√	
企业内部资金	√	√				
外资和港澳台资金	√	√	√		√	√

注：表中的“√”表示各筹资渠道对应采取的筹资方式。

第二节　资金需要量的预测

【情境导入】

在一次会议上，佳佳公司张总提出了将公司某品牌产品委托代工生产（简称贴牌）的想法。他说：“我们公司的这一品牌是个快时尚品牌，主要在线上进行销售，虽然总体销售情况良好，但是部分产品经常脱销，爆款产品的销售量总是不达标，生产能力跟不上。而市场上的同类品牌款式新、上架快。公司仅靠现在的设计团队和生产能力不能满足发展需求，需要找两到三家工厂帮助设计、生产这个品牌的服装。当然，我们要监督好生产过程，严格把控，保证服装质量，才能以小投入、小风险产生大利润。”

李总说：“我赞同张总的想法。从现阶段的营业额和获利水平来看，如果要增加产量，就必须新增生产线和工人，但目前我们的厂区面积有限，硬件受限。这段时间我们购买了新的办公楼，还有贷款需要偿还，账上资金用途也已有规划，要再扩大生产规模至少需要600万的资金，难度很大。”

那么，李总是如何判断公司还需要600万元资金的？企业筹资是多多益善还是够用就好？

一、资金需要量预测的意义

筹资既是保证企业正常生产经营的前提，又是企业谋求发展的基础。企业筹集的资金量应与企业对资金的需求量相匹配，避免由于资金冗余或短缺影响企业正常经营，因此，科学预测资金需要量是企业进行筹资管理的重要前提。资金需要量的预测工作，是对企业未来组织生产经营活动的资金需求进行估计、分析和判断的过程。

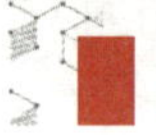

二、资金需要量预测的方法

1. 销售百分比法

销售百分比法是根据资产负债表中各个项目与销售收入（又称营业收入）总额之间的关系，确定资产、负债和所有者权益的有关项目占销售收入的百分比，并依此推算出资金需要量的一种方法。采用销售百分比法的前提是资产负债表中的各项目与销售收入指标的比率已知且固定不变。这种方法操作比较简单，但在有关因素发生变动的情况下，必须相应调整原有的销售百分比。销售百分比法的运用步骤如下：

（1）划分敏感项目和非敏感项目

在资产负债表中，金额因销售额的增长而相应增加的项目称为敏感项目，如货币资金、应收账款、存货、应付账款、应交税费等。而对外投资、固定资产净值、短期借款、非流动负债、实收资本等项目，其金额一般不会随销售额的增长而增加，它们被称为非敏感项目。

（2）计算各敏感项目销售百分比

$$某敏感项目销售百分比=\frac{敏感项目金额}{销售额}\times 100\%$$

（3）计算预测期各敏感项目预计数

预测期某敏感项目预计数=预计销售额×该敏感项目销售百分比

（4）计算预测期需要增加的资金量

预测期需要增加的资金量=预计资产总额-预计负债总额-预计所有者权益总额

（5）计算预测期需要的外部筹资额

预测期需要的外部筹资额=预测期需要增加的资金量-预测期内部筹资额

【例 3-1】佳佳公司下属华北分公司近日提交了资金申请单，申请增加运营资金 2 万元。华北分公司 2020 年的销售收入为 20 万元。2021 年，其净利润预计为 24 000 元，预算目标要求销售收入为 24 万元，主要成本不变，30%的企业利润被留用，公司 2020 年资产负债表（简表）见表 3-2。

表 3-2 佳佳公司华北分公司资产负债表（简表）

编制单位：佳佳公司华北分公司　　　2020 年 12 月 31 日　　　单位：元

资产	金额	负债和所有者权益	金额
货币资金	10 000	短期借款	50 000
应收账款	24 000	应付票据	8 000
预付款项	4 000	应付账款	20 000

续表

资产	金额	负债和所有者权益	金额
存货	50 000	应交税费	4 000
固定资产	212 000	非流动负债	80 000
		实收资本	120 000
		留存收益	18 000
资产总计	300 000	负债和所有者权益总计	300 000

可通过以下方法判断其资金申请是否合理。

（1）编制2021年预计资产负债表（见表3-3）。

表3-3　佳佳公司华北分公司2021年预计资产负债表（简表）　单位：元

资产			负债和所有者权益		
项目	销售百分比	预计数	项目	销售百分比	预计数
货币资金	5%	12 000	短期借款	—	50 000
应收账款	12%	28 800	应付票据	4%	9 600
预付款项	2%	4 800	应付账款	10%	24 000
存货	25%	60 000	应交税费	2%	4 800
固定资产	—	212 000	非流动负债	—	80 000
			实收资本	—	120 000
			留存收益	—	18 000
			预计总额	—	306 400
			追加资金	—	11 200
合计	44%	317 600	合计	16%	317 600

（2）计算资金需要量

2021年，该公司资产总额为317 600元，负债和所有者权益总额为306 400元，则：

2021年企业需要追加资金额＝317 600−306 400＝11 200（元）

或者，需要追加的资金额＝(240 000−200 000)×(44%−16%)＝11 200（元）

（3）计算外部筹资额

上述11 200元的资金需求可以由企业2021年预计产生的留存收益解决一部分，超出部分则需要对外筹集。

2021年企业预计留存收益＝24 000×30%＝7 200（元）

2021年外部筹资额＝11 200−7 200＝4 000（元）

综上，华北分公司的资金申请可以批复，但需要核减批复额。

2. 因素分析法

因素分析法是根据企业基期实际占用资金额和预测期有关因素的变动情况，预测企业未来资金需要量的方法。这种方法计算简便，容易掌握，但计算结果不够精确，通常适用于品种繁多、规格复杂、资金用量较小的项目。因素分析法的运用步骤如下：

（1）确定企业基期资金的合理占用额

将企业基期实际占用资金额扣除不合理占用额，即为合理占用额。这里所说的不合理占用额指呆滞及超储积压的原材料、辅助材料、在产品和产成品等所涉及的金额。

（2）确定预测期有关因素变动对资金需要量的影响

影响资金需要量的因素主要有业务量的增减、资产价格的涨跌、资金周转速度的快慢等。

一般情况下，业务量增加，企业的资金需要量就会增加，反之则会减少。在业务量、资金周转速度、实物占用数量一定的条件下，固定资产和存货价格越高，企业的资金需要量越大。在其他条件相对稳定的情况下，资金周转速度越快，企业的资金需要量就越少，反之则越多。资金需要量的影响因素如图 3-2 所示。

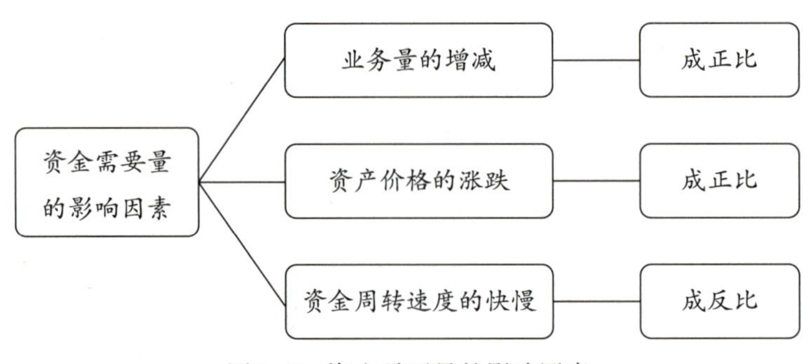

图 3-2 资金需要量的影响因素

（3）计算预测期资金需要量

计算公式是：

预测期资金需要量 =（基期实际占用资金额 - 基期不合理占用额）×（1±预测期业务量变化率）×（1±预测期资产价格变化率）×（1±预测期资金周转速度变化率）

【例 3-2】佳佳公司 2020 年实际占用的资金为 2 080 万元，其中 80 万元属于呆滞积压物资。公司 2021 年业务量预计将增加 10%，资产价格将上涨 8%，资金周转速度将减缓 5%。该公司 2021 年资金需要量是：

预测期资金需要量 =（2 080-80）×（1+10%）×（1+8%）×（1+5%）= 2 494.8（万元）

第三节　股权资金筹集

【情境导入】

佳佳公司购买办公楼以后，账面流动资金剩余不多，而生产线改造还需要支付改造费300万元。张总提出，他可以个人支付这笔改造费，但是需要公司支付利息，或者由他将300万元直接注资到公司。

那么，这两种方式有什么区别？公司会同意张总的提议吗？

一、股权资金的概念

股权资金又称主权资本或自有资金，是企业依法筹集并长期拥有、自主支配的资金，主要包括所有者投资和留存收益，是所有者权益总额，也称净资产。所有者投资形成实收资本（或股本）和部分资本公积。留存收益包括盈余公积和未分配利润，是企业生产经营过程中的自然留存。

二、股权资金的筹集方式

股权资金筹集主要有吸收直接投资、发行股票和利用留存收益三种方式。

1. 吸收直接投资

（1）吸收直接投资的概念和种类

吸收直接投资是指企业以合同、协议等形式吸收国家、其他法人、个人或外商直接投资的一种筹资方式。实际出资额中，注册资本部分形成实收资本，超出注册资本部分属于资本溢价，形成资本公积。吸收直接投资的种类有很多，具体如图3-3所示。

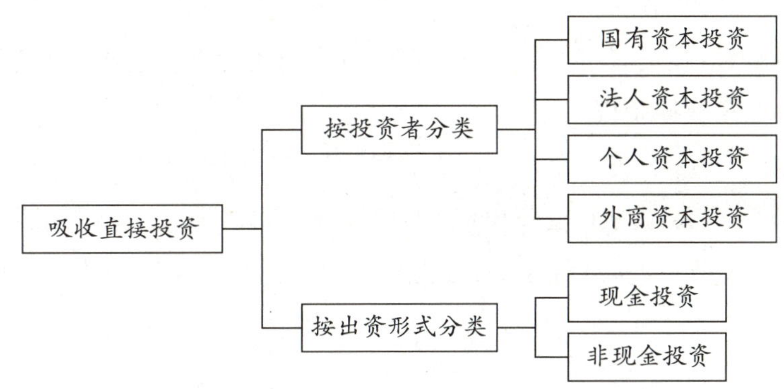

图3-3　企业吸收直接投资的种类

（2）吸收直接投资的流程

吸收直接投资有一定的流程，常见流程如图3-4所示。

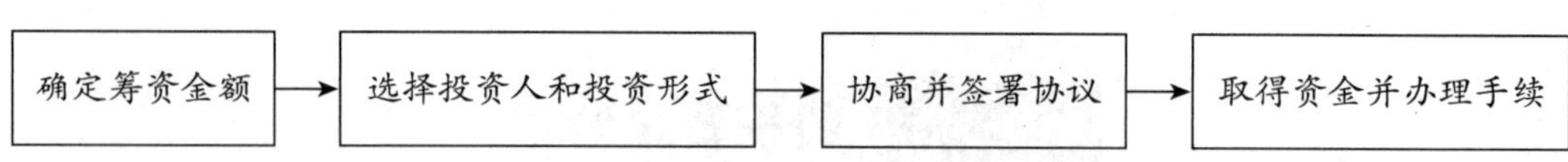

图 3-4 吸收直接投资的常见流程

首先，确定筹资金额。企业吸收的直接投资属于所有者权益，其份额达到一定比例时，就会对企业的经营控制权产生影响，因此企业应合理确定吸收直接投资的金额。

其次，选择合适的投资人和投资形式。企业需要了解投资者的财力、资信和投资意向，合理选择吸收直接投资的具体形式，保证流动资产与固定资产、现金资产与非现金资产的最佳配置。

再次，进行协商并签署协议。投资合同或协议应明确双方的权利与义务，包括投资人的出资数额、出资形式、出资时间、违约责任、收益分配等具体内容。

最后，取得资金并办理手续。企业应按规定适时适量取得投资者的出资，及时办理有关资产验证、注册登记等手续。

（3）吸收直接投资的优点

1）有利于增强企业实力。吸收直接投资所筹集的资金属于股权资金，能增强企业信誉和举债能力。

2）有利于尽快形成生产能力。企业吸收直接投资既可以筹集现金，也可以取得先进设备和先进技术，能快速形成生产能力。

3）有利于降低财务风险。企业吸收直接投资不需要归还本息，可根据自身的财务状况向投资者支付报酬，财务风险较小。

（4）吸收直接投资的缺点

1）资金成本高。由于企业向投资者支付的报酬是根据其出资额和企业收益计算的，所以企业负担的资金成本较高。

2）分散控制权。投资者可以通过直接投资对企业实行直接控制，当企业外部投资者较多时，容易分散企业控制权。

2. 发行股票

股票是股份有限公司为筹集股权资本而发行的有价证券，是证明股东按所持股份享有权利并承担义务的书面凭证，代表持股人对公司的所有权。股票的分类见表 3-4。

（1）股票的发行和销售

股票发行方式分为公募发行和私募发行。公募发行是指公司公开向社会发行股票的发行方式，发行公司可以采用自销和承销两种销售方法。私募发行是指公司不公开向社会发行股票，只向少数特定对象直接发行的发行方式。

表 3-4　股票的分类

<table>
<tr><th>分类依据</th><th>类型</th><th colspan="2">说明</th></tr>
<tr><td rowspan="2">是否记名</td><td>记名股票</td><td>在股票票面上记载股东姓名或名称的股票，其转让、继承需要办理过户手续</td><td rowspan="2">我国法律规定：股份公司向发起人、国家授权投资机构、法人发行的股票应为记名股票；对社会公众发行的股票，既可以是记名股票，也可以是无记名股票</td></tr>
<tr><td>非记名股票</td><td>不在股票票面上记载股东姓名或名称的股票，其转让、继承不需要办理过户手续，又称无记名股票</td></tr>
<tr><td rowspan="4">投资主体</td><td>国家股</td><td colspan="2">有权代表国家投资的部门或机构以国有资产向企业投资而形成的股份（股票）</td></tr>
<tr><td>法人股</td><td colspan="2">企业法人依法以其可支配的资产向企业投资而形成的股份，或具有法人资格的事业单位和社会团体以国家允许用于经营的资产向企业投资而形成的股份（股票）</td></tr>
<tr><td>个人股</td><td colspan="2">社会个人或企业内部职工以其个人合法财产投入企业形成的股份（股票）</td></tr>
<tr><td>外资股</td><td colspan="2">外国及我国港澳台地区投资者购买企业发行的人民币特种股票而形成的股份（股票）</td></tr>
<tr><td rowspan="5">发行对象和上市地区</td><td>A 股</td><td colspan="2">供境内法人或个人购买的，以人民币标明面值并以人民币认购和交易的股票</td></tr>
<tr><td>B 股</td><td colspan="2">在境内上市的外资股，以人民币标明面值但以外币认购和交易的股票</td></tr>
<tr><td>H 股</td><td colspan="2">注册地在内地、在香港上市的企业的股票</td></tr>
<tr><td>N 股</td><td colspan="2">注册地在内地、在纽约上市的企业的股票</td></tr>
<tr><td>S 股</td><td colspan="2">注册地在内地、在新加坡上市的企业的股票</td></tr>
<tr><td rowspan="2">股东享有的权利和承担的义务</td><td>普通股</td><td colspan="2">企业依法发行的享有平等权利义务、无特别限制的、股利不固定的股票
普通股是最基本的股票，通常情况下，股份有限公司只发行普通股。普通股的股东享有企业的经营管理权，同时与企业共担风险、共负盈亏。在企业增发新股时，普通股的股东具有优先认购权</td></tr>
<tr><td>优先股</td><td colspan="2">企业依法发行的具有一定优先权的股票。优先股的股东享有固定的股息，具有优先分配股利的权利。当企业清算时，优先股股东具有先于普通股股东分配剩余财产的权利</td></tr>
</table>

自销是指发行公司自己直接将股票销售给认购者的发行方式。承销是指发行公司将股票的销售业务委托给证券经营机构代理的发行方式。承销又分为代销和包销两种方式。

包销是证券经营机构根据承销协议，一次性地购进发行公司公开发行的全部股票，然后将其出售给社会上的认购者的一种承销方式。代销是证券经营机构仅替发行公司代售股票，不承担股份未募足的风险，仅获取佣金的一种承销方式。

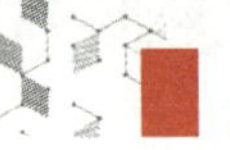

（2）发行股票筹资的特点

1）资金不需要归还。股票没有固定的到期日，不需要归还。

2）没有股利负担。企业发行普通股需要支付的股利，将视企业盈利状况和经营需要而定。优先股的股利支付虽然较固定，但也有一定弹性。

3）增强企业信誉。企业发行股票需要符合相关条件，具备一定实力，同时还要接受证监会等相关部门监督，因此发行股票对企业信誉具有积极影响。

4）资金成本高。一般来说，股票发行费用较高。从投资者角度而言，股票投资风险较高，股东要求的报酬率更高，且股利是以税后利润支付，不可抵税。

5）分散控制权及降低每股收益。增发新股可能会分散企业的控制权，同时，新股东可以分享企业未发行新股前累计的盈余，从而使普通股的每股收益降低，也可能引起股价下跌。

6）信息披露成本高。股份制企业的重大事项和财务会计报告等信息都要在媒体上公开披露，信息披露成本较高。

3. 利用留存收益

企业通过合法有效经营所实现的税后净利润，一部分分配给所有者，另一部分留存于企业形成留存收益。留存收益包括盈余公积和未分配利润。利用留存收益不会改变企业股权结构，有利于维持企业控制权，但筹资数量有限。

第四节 债务资金筹集

【情境导入】

某银行工作人员来到佳佳公司座谈交流。他们对该行一些线上化、场景化、智能化的金融服务进行了介绍，询问了佳佳公司的资金需求，还查看了公司的财务报表、资金流水和部分业务合同。李总向银行介绍了近期公司经营情况。银行工作人员表示，佳佳公司一直是信誉良好的客户，他们将会加大支持力度，支持公司发展。

一、债务资金的概念

债务资金是企业通过银行等金融机构，采用银行借款、发行债券、融资租赁等方式筹得的资金，又称借入资本或债务资本。一般来说，债务资金有一定的偿还期限，企业必须承担还本付息的责任。

二、债务资金的筹集方式

1. 银行借款

（1）银行借款的概念和分类

银行借款既指企业根据借款合同从银行或非银行金融机构借入资金的一种筹资方式，

又指企业从上述渠道借入的资金。银行借款有多种分类，见表 3-5。

表 3-5 银行借款的分类

分类依据	类型	说明
偿还期限	短期借款	偿还期限在 1 年以内（含 1 年）的借款
	长期借款	偿还期限超过 1 年的借款
贷款机构	政策性银行贷款	特指中国农业发展银行、中国进出口银行等政策性银行向企业提供的贷款
	商业银行贷款	由各商业银行（如中国建设银行、中国农业银行等）向企业提供的贷款
	其他金融机构贷款	除银行以外的金融机构（如保险公司、信托投资公司）向企业提供的贷款
担保条件	信用贷款	凭借款人信用发放的贷款
	担保贷款	凭担保人担保发放的贷款
	抵押贷款	凭房产、机器设备、股票等特定抵押品发放的贷款
	质押贷款	以借款人或第三人的动产或权利为质押物发放的贷款
贷款用途	基本建设贷款	因新建、改建、扩建等基本建设项目借入的款项
	专项贷款	因更新改造技术、研发新产品、出口等专项活动借入的款项
	流动资金贷款	为满足流动资金需要借入的款项

（2）企业办理银行借款的基本流程

企业办理银行借款的基本流程如图 3-5 所示。

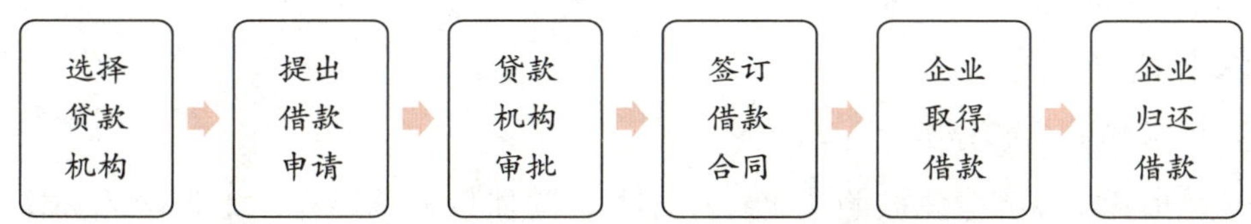

图 3-5 企业办理银行借款的基本流程

1）企业综合考虑自身条件，重点关注贷款机构的贷款政策、具体贷款程序和服务，选择合适的贷款机构。

2）企业向贷款机构提出借款申请，应说明借款原因、借款时间、借款数额、使用计划、还款期限等内容，同时提供能够说明企业具备偿债能力的相关资料。

3）贷款机构就客户资质、资金需求、偿债能力等进行调查评价，根据借款人资金需求、风险限额、偿债能力等因素，合理确定借款额度及额度使用条件。

4）经审批同意后，贷款机构与企业签订借款合同以及相关的抵（质）押、担保合同。借款合同内容分为基本条款和限制条款，基本条款是合同必备条款，限制条款是为降低贷款机构贷款风险而对企业提出的限制条件。

5）借款合同签订后，企业可在核定的借款指标范围内，根据自身资金需求，在借款额度和约定期限内提出用款申请，取得借款。

6）企业按合同约定归还借款本金及利息。

（3）银行借款的优点

1）筹资速度快。企业通过发行各种证券筹集资金手续繁多，时间较长，而银行借款的程序较为简单，企业可以快速取得资金。

2）资金成本较低。企业利用银行借款所支付的利息可在税前扣除，具有抵税作用。与发行股票、债券相比，这一方式不需要支付发行费用，资金成本低。

3）保持股东控制权。贷款机构不参与企业经营管理，不会分散股东对企业的控制权。

4）筹资弹性较大。企业可以与贷款机构直接磋商借款的时间、数量和利率等问题。借款期间如果企业情况发生变化，经双方协商还可对借款合同内容进行修改。

（4）银行借款的缺点

1）财务风险较大。银行借款有固定的偿还期限和利息负担，企业在经营不利的情况下，可能会产生不能及时还贷的风险，财务风险较大。

2）限制条件较多。借款合同通常包含限制条款，对企业的筹资、投资和经营活动产生影响。

3）筹资数量有限。银行借款筹资范围小，不可能像发行股票、债券那样一次筹集大量资金。

4）可能产生财务杠杆负面作用。当企业的收益率低于借款资金成本时，借款越多，所有者权益资金的报酬率就越低。

2. 发行债券

（1）债券的概念和分类

债券是指各类经济主体按照法定程序发行，向债权人承诺在一定期限内还本付息的有价证券。债券反映了持券人和发债企业之间的债权债务关系。债券的分类见表3–6。

表3–6　债券的分类

分类依据	类型	说明
是否记名	记名债券	债券票面注明持券人姓名或名称的债券
	无记名债券	债券票面未注明持券人姓名或名称的债券
有无抵押担保	抵押债券	发债企业以特定财产作为抵押品发行的债券
	信用债券	发债企业仅凭信用发行的无抵押品的债券
是否可转换	可转换债券	能在规定的时间按规定的价格或比例转换为发债企业股票的债券
	不可转换债券	到期时不能转换为发债企业股票的债券

续表

分类依据	类型	说明
利率	固定利率债券	记载利率，发债企业按照这一固定利率向债权人支付利息的债券
	浮动利率债券	不明确记载利率，发债企业根据某些标准（如政府债券利率、银行存款利率等）同向调整利息的债券

（2）债券发行的流程

企业发行债券的环节较多，其中，公开发行债券的基本流程如图 3-6 所示。

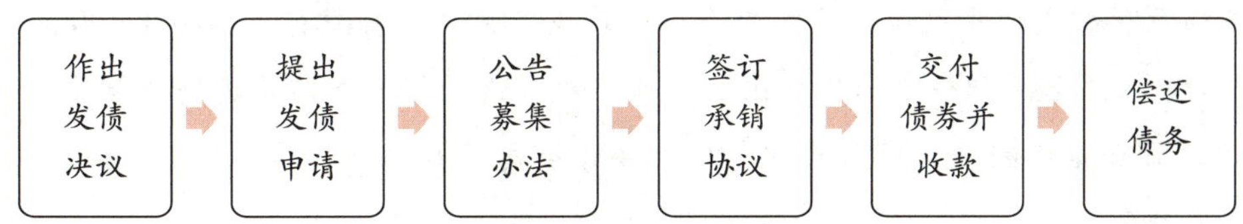

图 3-6　公开发行债券的基本流程

1）企业制定经股东大会批准的债券发行方案，作出发债决议。

2）企业向国务院证券监督管理机构提出发债申请。

3）发行债券的申请经批准后，企业应制定债券募集办法并向社会公告。

4）企业与依法设立的证券公司签订承销协议，承销方式有包销和代销两种。

5）债券购买人向债券承销机构购买债券，承销机构交付债券，发债企业向承销机构收缴债券款，登记债券存根簿，并结算发行代理费。

6）发债企业可以根据情况提前或到期偿还债务。

（3）债券发行价格

债券发行价格是指债券初始投资者购入债券时支付的市场价格，它与债券面值可能一致也可能不一致。从理论上讲，债券发行价格是债券面值和应支付的年利息按发行时的市场利率折现所得到的现值。

资金市场上的利率不断变化，当企业债券的票面利率与市场利率不相等时，要通过调整发行价格来保证债券顺利发行。

从债券发行价格的角度看，债券发行有平价发行、溢价发行和折价发行三种方式。平价发行又称面值发行，是指以债券的面值为发行价格进行发行的方式。溢价发行是指以高于债券面值的价格为发行价格进行发行的方式。折价发行是指以低于债券面值的价格为发行价格进行发行的方式。

债券的发行价格要保证投资者的收益率与市场利率相等，同时，由于企业债券的还本期限一般在一年以上，所以还应考虑债券的货币时间价值。其计算公式为：

$$\text{债券发行价格} = \frac{\text{债券面值}}{(1+\text{市场利率})^n} + \sum_{t=1}^{n} \frac{\text{债券面值} \times \text{票面利率}}{(1+\text{市场利率})^t}$$

式中 n——债券期限；

t——支付利息期数。

从上式可以看出，债券发行价格由两部分构成，一部分是债券到期后归还的本金按市场利率折现后的现值，另一部分是债券各期利息按市场利率折现后的现值。

【例 3-3】某公司拟发行一批面值为 1 000 元的债券，票面利率为 8%，期限为 5 年，每年年末支付一次利息。其发行价格分以下三种情况：

（1）资金市场的利率为 8%，与该公司的债券票面利率一致。为使投资者获得与资金市场利率相当的收益率，公司应采用平价发行方式，即发行价格为 1 000 元。

此时，公司按 1 000 元的价格出售债券，投资者的收益率与市场利率相等。

（2）资金市场利率大幅上升到 12%，高于公司债券票面利率，故应采用折价发行方式，发行价格为：

$$债券发行价格 = \frac{1\ 000}{(1+12\%)^5} + \sum_{t=1}^{5} \frac{1\ 000 \times 8\%}{(1+12\%)^t} \approx 855.78(元)$$

此时，公司按 855.78 元的价格出售债券，投资者的收益率才能与市场利率相等。

（3）资金市场利率大幅下降到 5%，低于公司债券票面利率 8%，则应采用溢价发行方式，发行价格为：

$$债券发行价格 = \frac{1\ 000}{(1+5\%)^5} + \sum_{t=1}^{5} \frac{1\ 000 \times 8\%}{(1+5\%)^t} \approx 1\ 129.86(元)$$

此时，投资者按 1 129.86 元的价格购买该公司面值为 1 000 元的债券，可获得 5%的回报，收益率与市场利率相同。

（4）债券筹资的特点

1）资金成本低。债券利息可在税前支付，具有抵税作用。债券利息通常低于优先股及普通股的股利，其资金成本相对较低。

2）筹资范围广。通常债券面向社会公开发行，有利于企业筹集大量资金。

3）保持股东控制权。债券持有人无权参与企业的经营管理，有利于保持股东对企业的控制权。

4）财务风险大。债券筹资需要还本付息，当企业经营处于困境时，必然导致企业财务风险加大。若资不抵债，将导致企业破产。

5）限制条件多。相关法律对发行债券所规定的限制条件较多且较为严格，这对企业以后的经营有一定影响。

3. 融资租赁

(1) 融资租赁的概念

融资租赁是由租赁企业按承租企业的要求出资购买设备，在较长的合同期内将其提供给承租企业使用的融资信用业务，也是一种特殊的筹资方式，它是以融通资金为主要目的的租赁。融资租赁的期限一般在资产使用年限的一半以上，租赁期满时资产所有权可转移给承租企业。这种特殊的筹资方式达到了既融资又融物的目的。

(2) 融资租赁的租金

融资租赁的租金按支付期长短分为年付、半年付、季付和月付，按支付时间先后分为先付租金和后付租金，一般等额支付。融资租赁的租金主要取决于以下因素：

1) 租赁资产的购置成本，包括购买价、运杂费、途中保险费、租赁期满后残值收入等。

2) 利息，即租赁公司为购置资产而垫付资金所应获得的利息。

3) 租赁手续费，包括租赁公司因租赁业务发生的费用及应收取的收益。

4) 租赁期限。

(3) 融资租赁的特点

1) 既可融资又可融物。融资租赁兼具融资和融物功能，有助于企业快速提升生产能力。

2) 限制条件少。相对于发行债券和银行借款而言，融资租赁的限制条件较少。

3) 资金成本高。融资租赁支付的租金总额通常高于租入的资产价值。

4) 资金压力小。与到期一次偿还本息相比，租金分期支付的资金压力小。

5) 有抵税作用。租金是在缴纳所得税前支付，具有抵税作用。

6) 降低设备老化风险。承租人只拥有设备的使用权，租赁期满可以不购入陈旧过时的设备，降低因设备陈旧老化带来的风险。

4. 商业信用筹资

(1) 商业信用的概念

商业信用是企业在销售商品时，以延期付款即赊销形式提供的信用，它是因交易中货与款在时间和空间上的分离而产生的直接信用行为。利用商业信用筹资是目前企业普遍使用的短期筹资方式，所筹资金主要表现为应付账款、应付票据、预收款项等，它们是企业交易过程中形成的债务资金。

(2) 信用条件

买方在赊购商品或劳务时，卖方一般会制定专门的信用条件和政策促使买方及时付款。信用条件由信用期限、折扣期限和现金折扣等构成，关于现金折扣的内容将在后面的“应收账款管理”中详细介绍。

(3) 商业信用筹资的特点

1) 筹资便利。商业信用发生在商品或劳务买卖活动中，企业随着购销行为的产生而

获得资金，这属于一种自然性筹资。

2）筹资成本低。如果没有现金折扣或企业不放弃现金折扣，则利用商业信用筹资不产生资金成本。

3）限制条件少。商业信用筹资无须担保或抵押，与其他筹资方式相比条件更宽松。

4）资金使用期限短。商业信用筹资属于短期融资方式，资金不能长期占用。

5）财务风险大。由于各种应付款项经常发生，次数频繁，所以需要企业随时进行现金调度。另外，企业如放弃现金折扣，则将承担较高的机会成本。

第五节 混合性资金筹集

【情境导入】

佳佳公司董事长希望公司能多开辟筹资渠道，要求财务部对衍生金融工具筹资进行研究并提交可行性方案。那么，什么是衍生金融工具？衍生金融工具筹资与传统的股权筹资、债务筹资有什么区别呢？

混合性资金是指既具有某些股权资金特征，又具有某些债权资金特征的资金。我国常见的混合性资金包括优先股、可转换债券和认股权证。

一、优先股

优先股是享有优先权的股票，法律上属于股权资本，但它的利息是固定的，同时具有债权资金的特征。优先股筹资成本较高，具有股息约定和权利优先的特点。

二、可转换债券

可转换债券简称可转债，是一种混合性证券，持有者可以在一定时期内按事先规定的转换比例或价格，自由地选择是否将所持可转债转换为普通股。它兼具债权和股权的特征，在转换前是债权性质，转换后是股权性质。可转换债券筹资成本较低，便于调整企业资本结构，但如果持有者到期不转股，则发行企业必须还本付息。

三、认股权证

认股权证简称权证，全称是股票认购授权证，是依附于标的证券的有价证券，也是持有者一种权利的证明。认股权证兼具期权性和投资性，权证的交易实际是一种期权的买卖，持有人可在一定期间以约定价格认购或沽出权证的标的证券。对于筹资方而言，可通过以约定价格认购企业股票的方式，保证企业在固定的期限内完成股票发行计划，顺利实现融资。对于持有者而言，在认购前不拥有债权和股权，只有认购权。

第六节 资金成本

【情境导入】

佳佳公司会计赵明发现，很多企业的资本构成并不是单一的，常常混合着银行借款、债券、普通股、优先股。他把佳佳公司的资本构成情况做了一张表，并向李总请教，李总让他把每种资金的资金成本进行测算，并且用一定的方法计算出公司综合资金成本。那么，赵明应该如何进行测算呢？

一、资金成本的概念

资金成本是企业为筹集和使用资金所付出的代价，包括用资费用和筹资费用。

用资费用是企业为了使用资金而支付的费用，如借款利息、股利等。

筹资费用是企业在资金筹措过程中为获得资金而付出的费用，如借款手续费、债券发行费等。筹资费用通常在资本筹集时一次性发生。

二、资金成本的计算

1. 个别资金成本的计算

个别资金成本是指单一融资方式的资金成本，包括银行借款资金成本、债券（指企业债券）资金成本、普通股资金成本和留存收益资金成本等。

在比较和评价各种筹资方式时，多使用个别资金成本率这一指标。个别资金成本率是指用资费用和有效筹资额的比率，其中有效筹资额是指筹资总额扣除筹资费用后的净额。其基本计算公式为：

$$个别资金成本率=\frac{用资费用}{筹资总额-筹资费用}=\frac{用资费用}{筹资总额\times（1-筹资费用率）}$$

用字母表示就是：

$$K=\frac{D}{P-F}=\frac{D}{P(1-f)}$$

式中 K——个别资金成本率；

D——每个期间的用资费用；

P——筹资总额；

F——筹资费用；

f——筹资费用率。

（1）银行借款

银行借款资金成本包括借款利息和借款手续费，其中利息可以在税前支付，具有抵减企业所得税的作用。银行借款资金成本率的计算公式为：

$$银行借款资金成本率=\frac{借款利息\times(1-所得税税率)}{筹资总额\times(1-筹资费用率)}$$

用字母表示就是：

$$K=\frac{LR(1-T)}{L(1-f)}=\frac{R(1-T)}{1-f}$$

式中 K——银行借款资金成本率；

T——所得税税率；

L——筹资总额；

R——借款利率；

f——筹资费用率。

一般来说，银行借款手续费很低，常常忽略不计。因此，银行借款资金成本率计算公式可以简化为：

$$K=R(1-T)$$

【例 3-4】佳佳公司从银行取得 3 年期贷款 1 000 万元，手续费为 0.1%，贷款年利率为 6%，每月付息，到期一次还本，公司所得税税率为 25%。该笔贷款的资金成本率是：

$$资金成本率=\frac{6\%(1-25\%)}{1-0.1\%}\approx4.5\%$$

(2) 债券

债券资金成本包括债券利息和发行费用。债券资金成本率的计算公式为：

$$债券资金成本率=\frac{债券利息\times(1-所得税税率)}{筹资总额\times(1-筹资费用率)}=\frac{债券总面值\times票面利率\times(1-所得税税率)}{筹资总额\times(1-筹资费用率)}$$

【例 3-5】佳佳公司平价发行面值为 1 000 元、票面利率为 10%、期限为 4 年的债券 1 万张，筹资费用率为 5%，每年付息一次，到期一次还本，公司所得税税率为 25%。平价发行时，债券总面值与筹资总额相等，因此，该批债券的资金成本率是：

$$资金成本率=\frac{10\%(1-25\%)}{1-5\%}\approx7.89\%$$

(3) 优先股

优先股的股利是固定的，但其股利是以税后利润支付，没有抵税作用。优先股资金成本率的计算公式为：

$$优先股资金成本率=\frac{优先股每年股利}{筹资总额\times（1-筹资费用率）}$$

（4）普通股

普通股资金成本主要是向股东支付的各期股利。由于各期股利会随企业各期收益波动，所以普通股的资金成本只能按贴现模式计算，常用的计算方法是股利折现法。普通股资金成本率的计算公式为：

$$普通股资金成本率=\frac{普通股最近一年预计股利额}{筹资总额\times（1-筹资费用率）}+普通股股利年增长率$$

（5）留存收益

留存收益由企业税后净利润形成，实质是所有者向企业的再投资。留存收益资金成本率表现为股东追加投资要求的报酬率，除了没有筹资费用，其计算方法与普通股资金成本率基本相同，计算公式为：

$$留存收益资金成本率=\frac{普通股最近一年预计股利额}{普通股市价}+普通股股利年增长率$$

2. 综合资金成本的计算

企业通过不同方式取得资金，其成本各不一样。要进行正确的筹资和投资决策，不仅需要计算个别资金成本，还需要确定全部资金的综合资金成本。综合资金成本率则是将各种资金所占的比例汇总后计算得到，其计算公式为：

$$综合资金成本率=\sum（某种资金的资金成本率\times该种资金占总资金的比重）$$

【例 3-6】佳佳公司 2020 年期末的长期资本账面总额为 1 亿元，其中银行借款 4 000 万元，长期债券 2 000 万元，普通股 4 000 万元，银行贷款、长期债券和普通股的个别资金成本率分别为 5%、7%和 10%。该公司按账面价值计算的综合资金成本率是：

$$综合资金成本率=\frac{4\ 000}{10\ 000}\times5\%+\frac{2\ 000}{10\ 000}\times7\%+\frac{4\ 000}{10\ 000}\times10\%=7.4\%$$

第七节 杠杆分析

【情境导入】

李总让会计赵明计算佳佳公司生产经营的固定成本。赵明计算后发现，在一定时期和一定业务量范围内，房租、设备折旧、管理人员基本工资等相对固定，不受业务量增

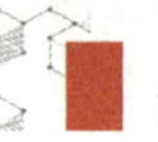

减变动影响，是公司的必需支出。与之对应的变动成本是随产量的变化而变化的成本，如购买原材料的成本、车间工人计件工资等。赵明认为，如果固定成本不变，营业收入越大，则企业利润率提高更快。赵明的看法对吗？为什么？

财务管理中存在着杠杆效应，具体表现为，由于特定固定支出或费用的存在，当某一财务变量以较小幅度变动时，另一相关变量会以较大幅度变动。财务管理中的杠杆效应包括经营杠杆、财务杠杆和综合杠杆三种效应形式。

一、成本性态

成本性态也称成本习性，是指成本总额对营业规模（业务量）的依存关系。按照成本性态不同，企业的全部成本可分为固定成本、变动成本和混合成本。

变动成本指在特定的业务量范围内其总额随业务量的变动而成正比例变动的成本，如直接材料、直接人工、产品加工费、销售佣金等。此类成本直接受产量的影响，两者保持正比例关系，比例系数稳定。这个比例系数是产品的单位变动成本。

固定成本相对于变动成本而言，指成本总额在一定时期或一定业务量范围内，不受业务量增减变动影响，能保持不变的成本，如固定资产折旧费、财产保险费、固定的月工资、固定取暖费等。

混合成本是指除变动成本和固定成本之外的成本，它的总额随业务量变动而变动，但不成正比例变动。混合成本需要通过一定方法分解为固定成本和变动成本。

息税前利润是指企业支付利息和缴纳所得税前的利润，其计算公式为：

息税前利润=净利润+所得税+利息

或，　　息税前利润=边际贡献-固定经营成本

=(营业收入总额-变动成本总额)-固定经营成本

其中，边际贡献又称贡献毛利或边际利润，是产品营业收入与相应的变动成本之间的差额。产品单价与单位变动成本之间的差额就是单位边际贡献，它反映每销售一件产品可以为企业获利作出的贡献。

二、经营杠杆

经营杠杆又称营运杠杆，是指固定性经营成本的存在所导致的企业资产报酬（息税前利润）变动幅度大于营业收入变动幅度的现象，它主要用于分析固定成本对息税前利润的影响程度。

经营杠杆系数是衡量经营杠杆效应大小的指标，其计算公式为：

$$\mathrm{DOL}=\frac{\Delta \mathrm{EBIT}/\mathrm{EBIT}}{\Delta S/S}=\frac{S-C}{S-C-F}$$

式中　DOL——经营杠杆系数；

EBIT——息税前利润；

ΔEBIT——息税前利润变动额；

S——营业收入；

ΔS——营业收入变动额；

C——变动成本总额；

F——固定成本总额。

企业经营杠杆系数越高，固定成本占比就越高，经营杠杆利益与经营杠杆风险就越大。企业应在利益与风险之间做好权衡，合理确定经营杠杆系数。

【例 3-7】佳佳公司年固定成本为 500 万元，变动成本率为 70%。2018 年销售额为 5 000 万元时，变动成本为 3 500 万元，息税前利润为 1 000 万元；2019 年销售额为 6 000 万元时，变动成本为 4 200 万元，固定成本不变，息税前利润为 1 300 万元。该公司的经营杠杆系数是：

$$\text{经营杠杆系数}=\frac{(1\,300-1\,000)/1\,000}{(6\,000-5\,000)/5\,000}=1.5$$

也就是说，2019 年该公司销售额增长了 20%，息税前利润增长了 30%，产生了 1.5 倍的经营杠杆效应。

三、财务杠杆

财务杠杆又称融资杠杆，是指由于固定债务利息和优先股股利的存在，出现的普通股每股收益变动幅度大于息税前利润变动幅度的现象。

由于债务利息和优先股股利的固定性，当息税前利润增加时，每 1 元息税前利润所负担的债务利息和优先股股利会降低，普通股每股收益得以更大幅度增长，这会为普通股股东带来更大利益。

每股收益（指普通股，下同）的计算公式为：

$$\text{EPS}=\frac{(\text{EBIT}-I)(1-T)-D}{N}$$

式中　EPS——每股收益；

I——债务利息和优先股股利；

T——所得税税率；

D——优先股股利；

N——普通股股数。

财务杠杆系数是衡量财务杠杆效应大小的指标，它是每股收益变动率相对于息税前利润变动率的倍数，其计算公式为：

$$DFL=\frac{\Delta EPS/EPS}{\Delta EBIT/EBIT}=\frac{EBIT}{EBIT-I}$$

式中 DFL——财务杠杆系数；

ΔEPS——每股收益变动额；

I——利息费用；

其他字母含义同上。

企业支付的固定利息越多，财务杠杆系数越大。企业的财务杠杆系数越高，财务杠杆利益和财务杠杆风险就越大，企业应在利益和风险之间适当权衡，确定合理的财务杠杆系数。

【例 3-8】A 公司资本总额为 1 000 万元，所得税税率为 25%，股票每股面值为 1 元。A 公司 2019 年债务资本为 200 万元，平均年利率为 10%，普通股共 800 万股。2020 年债务资本为 300 万元，平均年利率为 10%，普通股保持不变。2019 年 A 公司净利润为 300 万元，2020 年为 600 万元。2019 年和 2020 年 A 公司财务杠杆系数的计算方法见表 3-7。

表 3-7　A 公司财务杠杆系数计算表

项目		计算值
普通股股数（万股）		800
息税前利润（万元）	2019 年	300÷(1-25%)+200×10%=420
	2020 年	600÷(1-25%)+300×10%=830
利息（万元）	2019 年	200×10%=20
	2020 年	300×10%=30
每股收益（元）	2019 年	300÷800=0.375
	2020 年	600÷800=0.75
财务杠杆系数	2019 年	420÷(420-20)=1.05
	2020 年	830÷(830-30)=1.037 5

计算结果表明，A 公司 2020 年息税前利润增加较多是其 2020 年财务杠杆风险降低的主要原因。

四、综合杠杆

综合杠杆又称联合杠杆、复合杠杆或总杠杆，是经营杠杆和财务杠杆的综合。综合杠杆反映的是由于固定性经营成本、固定债务利息和优先股股利的存在，出现的普通股每股收益变动幅度大于营业收入变动幅度的现象。

综合杠杆系数是衡量综合杠杆效应大小的指标，它是经营杠杆系数和财务杠杆系数的乘积，反映了每股收益变动率相对于营业收入变动率的倍数。其计算公式是：

$$DCL = DOL \cdot DFL = \frac{\Delta EPS/EPS}{\Delta S/S}$$

式中 DCL——综合杠杆系数；

其他字母含义同上。

企业的综合杠杆系数越高，综合杠杆利益和综合杠杆风险就越大。

企业的经营杠杆、财务杠杆和综合杠杆虽然并不能衡量企业所有的风险，但在一定程度上反映了企业的风险程度。企业在筹资决策中确定财务杠杆时，应考虑经营杠杆的合理搭配，以实现最佳综合杠杆效果。

第八节 资本结构

【情境导入】

企业为了能够持续成长，需要不断进行必要的投资活动，其资金来源无外乎内部产生的盈余或者外部的资金。会计赵明通过计算发现，佳佳公司每个季度的资金成本和比例不同，这种变化可能对企业价值产生不同的影响。那么，如何确定合理的资本结构，才能让公司的筹资工作做到最好呢？

资本结构是指企业各种资金的构成及其比例关系。企业的筹资管理，不仅要合理选择筹资方式，还要科学安排资本结构。

一、影响资本结构的主要因素

企业在进行资本结构决策时，除了考虑资金成本与财务风险外，还需要考虑如下因素：

1. 企业偿债能力和现金流量

企业的偿债能力直接受企业现金流量的制约。企业现金流量越稳定，偿债能力越强，更容易借入资金，扩大债务资本比重。

2. 企业成长期间与投资偏好

企业处于成长期，意味着一定时期内企业所需投入增加，所需筹集的资本也就越多。通常情况下，成长速度较快、销售业绩看好的企业可使用较高的财务杠杆系数确定企业

的资本结构。

3. 企业的盈利能力和利息的抵税效应

企业筹资的常见顺序是，先使用留存收益，然后考虑发行债券，最后考虑发行股票。利用负债筹资的企业必须能通过经营获得足够的收入以支付利息。利息具有抵税作用，一般来说，具有较强盈利需求的企业常借此进行合理避税。

4. 企业所有者及管理人员对待风险的态度

企业所有者及管理人员对待风险的态度也是影响资本结构的重要因素。喜欢冒险的股东及管理者可能会偏向较高的负债比率，反之，一些持稳健态度的企业所有者及管理人员偏向使用较少的负债。

二、资本结构决策方法

资本结构决策是指确定企业最佳资本结构的过程，所谓最佳资本结构是指在一定条件下使企业综合资金成本率最低、企业价值最大的资本结构。资本结构优化的目标是降低平均资金成本率或提高普通股每股收益。常见的资本结构决策方法有每股收益分析法、资金成本比较法和企业价值比较法。

1. 每股收益分析法

每股收益分析法是通过对不同资本结构下的每股收益进行比较分析，算出每股收益无差别点，从而确定最佳资本结构的方法。所谓每股收益无差别点是指不同筹资方式下每股收益都相等时的息税前利润，又称筹资无差别点。关于每股收益无差别点有如下等式：

$$\frac{(\overline{\text{EBIT}}-I_1)(1-T)-D_1}{N_1}=\frac{(\overline{\text{EBIT}}-I_2)(1-T)-D_2}{N_2}$$

式中 $\overline{\text{EBIT}}$——息税前利润平衡点即每股收益无差别点；

I_1、I_2——两种资本结构下的债务利息；

N_1、N_2——两种资本结构涉及的普通股股数；

T——所得税税率；

D_1、D_2——两种资本结构下的优先股股利。

一般来说，当息税前利润小于每股收益无差别点时，应选择负债少的筹资方案；当息税前利润大于每股收益无差别点时，可以选择负债多的筹资方案。

【例 3-9】某公司现有债务资金 400 万元，年利率为 10%；另有普通股 600 万股，无优先股。现公司需要筹资 500 万元，所得税税率为 25%，有两种筹资方案可选。

甲方案：增发普通股200万股，每股发行价2元，同时，向银行借款100万元，贷款年利率为10%。

乙方案：增发普通股100万股，每股发行价3元，同时，发行200万元总面值的公司债券，票面利率为15%。

根据每股收益无差别点的计算等式可得：

$$\frac{(\overline{EBIT}-500\times10\%)(1-25\%)}{600+200}=\frac{(\overline{EBIT}-200\times15\%-400\times10\%)(1-25\%)}{600+100}$$

根据该等式可求出 $\overline{EBIT}$ 为210万元。

结果表明，当息税前利润为210万元时，两种筹资方案的每股收益相等。

本例的计算原理如图3-7所示。

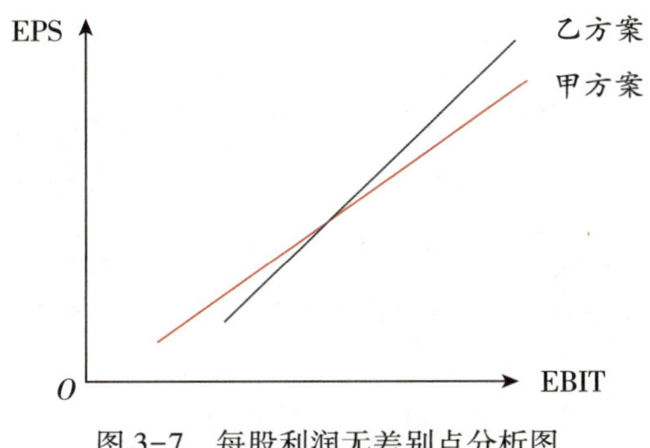

图3-7 每股利润无差别点分析图

在图3-7中，两条线的交点即甲、乙两种方案的每股利润无差别点，对应的息税前利润为210万元。当息税前利润等于210万元时，两个方案的每股利润相等，两种筹资方案没有差别。当息税前利润小于210万元时，以增发股票为主的甲方案更优。当息税前利润大于210万元时，负债更多的乙方案更优。

2. 资金成本比较法

资金成本比较法是通过计算不同筹资方案的综合资金成本率，据以确定最佳资本结构的方法。

【例3-10】佳佳公司拟筹集1 000万元资金，可以用银行借款、发行债券、发行普通股三种方式筹集，具体情况见表3-8。

表 3-8　佳佳公司筹资方案

筹资方式	个别资金成本率	甲方案筹资额（万元）	乙方案筹资额（万元）
银行借款	6%	300	500
发行债券	7%	300	300
发行普通股	8%	400	200
合计	—	1 000	1 000

甲方案综合资金成本率＝30%×6%+30%×7%+40%×8%＝7.1%

乙方案综合资金成本率＝50%×6%+30%×7%+20%×8%＝6.7%

乙方案的综合资金成本率低于甲方案，所以应选用乙方案进行筹资。

3. 企业价值比较法

企业价值比较法是通过对不同资本结构下的企业价值和综合资金成本率进行比较分析，从而确定最佳资本结构的方法。企业价值为企业长期债务价值和企业股票价值之和。在考虑市场风险的基础上，以企业市场价值为标准，能够提升企业价值的资本结构就是合理的资本结构。这种方法主要用于对现有资本结构进行调整，适用于资本规模较大的上市公司的资本结构优化分析。

思考与练习

一、简答题

1. 债务资金筹集和股权资金筹集的区别是什么？

2. 什么是筹资渠道？什么是筹资方式？两者应该如何配合？

3. 银行借款的优缺点各是什么？

4. 银行借款、债券、股票和留存收益的资金成本如何计算？它们的差异在哪里？

5. 综合杠杆的基本原理是什么？为什么营业收入和普通股每股收益之间会有这种杠杆效应？

二、计算题

1. 某公司拟发行面值为 2 000 元、票面利率为 10%、期限为 5 年的债券，资金市场利率预计为 8%，求该公司债券的发行价格。

2. 某公司 2020 年 1 月 1 日融资租入一套价值 600 万元的设备，租赁期为 6 年。租赁期满设备残值预计为 5 万元，归属租赁公司。若银行贷款年利率为 8%，租赁手续费率为每年 2%，租金每年年末支付一次，该公司每年应付租金是多少？

三、案例分析题

佳成公司拟筹集2 000万元资金，可以用银行借款、发行债券、发行普通股三种方式筹集，有关资料见表3-9。

表3-9　佳成公司筹资方案

筹资方式	个别资金成本率	A方案筹资额（万元）	B方案筹资额（万元）	C方案筹资额（万元）
银行借款	7%	1 500	500	1 000
发行债券	8%	500	500	—
发行普通股	10%	—	1 000	1 000
合计	—	2 000	2 000	2 000

哪一种方案是最佳的筹资方案？理由是什么？

第四章
全面预算管理

学习目标

1. 了解全面预算的原则、内容及预算体系。
2. 熟悉全面预算的编制流程和编制方法。
3. 掌握现金预算、预算财务报表的编制方法。

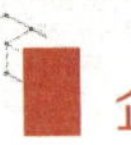

全面预算管理对现代企业的成熟与发展起过重大推动作用，是企业内部管理控制的主要方法之一。这一方法产生于 20 世纪 20 年代，随后很快就成为大型工商企业的标准作业方法。全面预算管理是为数不多的几个能把企业的所有关键问题融合于一个体系之中的管理控制方法之一。

思维导图

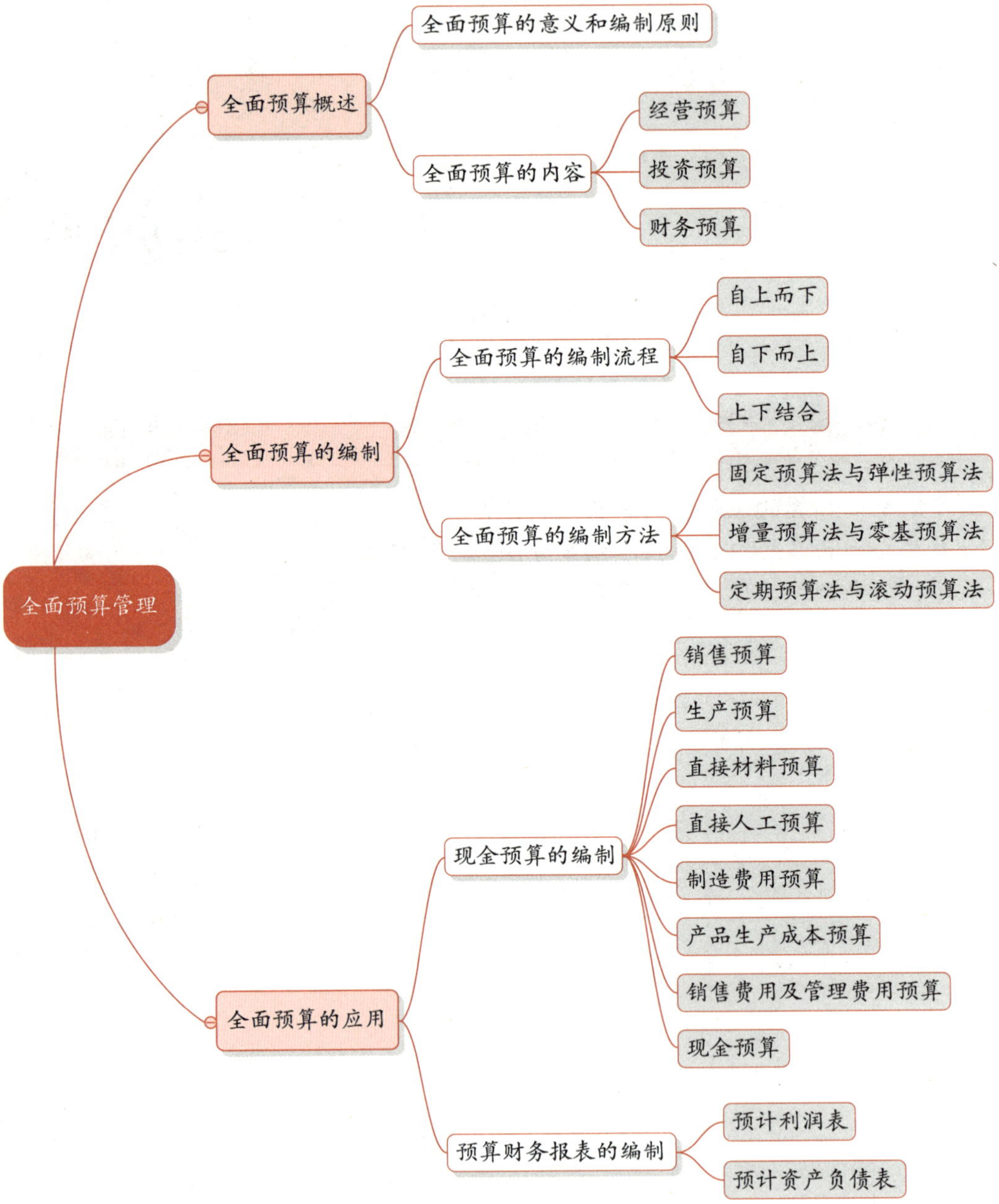

- 全面预算管理
  - 全面预算概述
    - 全面预算的意义和编制原则
    - 全面预算的内容
      - 经营预算
      - 投资预算
      - 财务预算
  - 全面预算的编制
    - 全面预算的编制流程
      - 自上而下
      - 自下而上
      - 上下结合
    - 全面预算的编制方法
      - 固定预算法与弹性预算法
      - 增量预算法与零基预算法
      - 定期预算法与滚动预算法
  - 全面预算的应用
    - 现金预算的编制
      - 销售预算
      - 生产预算
      - 直接材料预算
      - 直接人工预算
      - 制造费用预算
      - 产品生产成本预算
      - 销售费用及管理费用预算
      - 现金预算
    - 预算财务报表的编制
      - 预计利润表
      - 预计资产负债表

第一节 全面预算概述

【情境导入】

在佳佳公司年度预算专题会议上，管理层讨论了下一年的业绩目标问题。张总提出，从公司的销售业绩来看，电商业务还有很大成长空间，建议明年的业绩目标增加20%。他提出，电商部的跨境电商业务一定要做起来，另外产品研发设计要加强，每个品牌每个季度的款式可以增加10种，上新要及时。

李总思考了一会儿，回应道："财务部会根据本次会议确定的业绩目标来制定一个年度预算工作方案。由于市场环境等不稳定因素的影响，我们制定业绩目标的时候还是要谨慎，多考虑我们的生产能力能否跟上、原材料能否及时补给等因素。"

那么，什么是预算？预算工作应在企业经营中发挥怎样的作用？

一、全面预算的意义和编制原则

预算是一种系统的管理控制方法，企业采用这一方法分配企业的资金、实物及人力等资源，实现既定的战略目标。企业可以通过预算监控战略目标的实施进度，控制开支，预测企业的现金流量与利润。

全面预算是企业未来某一特定期间（一般不超过一年或一个经营周期）全部生产经营活动的财务计划，它以实现企业的利润目标为目的，以销售预测为起点，对生产、成本及现金收支等进行预测，在形式上表现为编制而成的各种预计利润表、预计现金流量表和预计资产负债表等报表。

1. 全面预算的意义

全面预算管理是信息化社会对财务管理的客观要求，是实现企业财务管理目标的重要手段之一。全面预算管理从最初的计划、协调手段，发展到现在的兼具控制、激励、评价等功能的一种综合贯彻企业经营战略的管理工具，在现代企业管理中日益发挥出核心作用。全面预算对现代企业的意义可以概括为以下几点：

（1）促进企业战略目标实现

企业战略目标通过全面预算加以固化与量化，使战略目标在企业内部落地，预算的执行与企业战略目标的实现成为同一过程。对预算的有效监控，将确保最大限度地实现企业战略目标。

企业通过预算监控可以发现未能预知的机遇和挑战，这些信息通过预算汇报体系反映到决策机构，可以帮助企业动态地调整战略规划，提升企业战略管理的应变能力。

（2）提高资源使用效率

编制全面预算过程中，相关人员要对企业环境变化做出理性分析，从而保证企业的

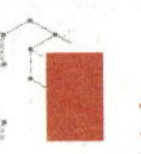

收入增长和成本节约计划切实可行。预算计划过程和预算指标数据直接体现了企业各部门对资源的需求和使用效率，它们是调度分配企业资源的起点。通过全面预算工作，企业可以对有限的资源进行最佳的安排使用，平衡各部门关系，避免资源浪费或低效使用。

（3）提升监控考核效果

预算的编制过程是企业各部门为设定合理业绩指标提供全面信息的过程，将预算与执行情况进行对比和分析的结果也是业绩考核的重要依据，它为经营提供了有效的监控手段。全面预算管理和考核、奖惩制度共同作用，可以避免相关主体片面追求高收入增长或低成本费用的行为。

（4）规避企业经营风险

全面预算可以初步揭示企业下一年度的经营情况，使可能的问题提前暴露。参照预算结果，企业管理层可以发现潜在的风险，预先采取相应的防范措施，从而达到规避并化解风险的目的。

2. 全面预算的编制原则

企业要围绕战略要求和发展规划，以年度业务预算、资金预算为基础，以获得经营利润和充足现金流为目标编制全面预算。全面预算的主要编制原则如下：

（1）战略性原则

全面预算要体现企业的发展战略，企业的全年预算要依据企业的中长期战略规划进行编制，服从企业的中长期战略发展目标，符合企业总体经营方针。

（2）效益优先原则

全面预算要在以价值为导向的同时，充分考虑企业发展战略，在追求企业价值最大化的同时要保证可操作性。

（3）全员参与原则

预算编制需要全员参与，采取上下结合、分级编制、逐级汇总的方式进行。各部门要树立全局观念，做好综合平衡。

（4）权责对等原则

企业应给予各级部门一定授权，被授权人应对预算的执行、控制等承担相应的责任。

（5）实事求是原则

各部门要根据市场状况及本单位的实际需要，合理确定本单位的预算额度。对预算编制过程中的收入采取主动担当的原则，对成本、费用等采取稳健谨慎的原则，确保以收定支，合理合规，不得高报预算。

二、全面预算的内容

全面预算是由一系列预算按照其经济内容及相互关系有序排列组成的有机整体，主要包括经营预算、投资预算、财务预算三大部分。

1. 经营预算

经营预算是预算期内企业日常生产经营活动的预算，主要包括销售预算、生产预算、供应预算、期间费用预算和其他经营预算。

（1）销售预算

销售预算是预算期内预算执行部门销售各种产品或者提供各种劳务可能实现的销售量（或业务量）及其收入的预算，主要依据年度目标利润、预测的市场销量或劳务需求以及市场价格来编制。销售预算的主要内容是销售量、单价和销售收入。销售量主要根据市场预测、国内外经济形势、行业经济状况等因素，综合企业生产能力确定。单价主要由物价指数和市场供求关系决定。

（2）生产预算

生产预算在销售预算的基础上编制，是指从事生产的预算执行部门在预算期内所要达到的生产规模以及产品结构和数量的预算。一般来说，企业的生产和销售很难做到同期同量，因此在考虑销售预算的同时，生产预算的编制还要考虑企业生产能力、各项材料和人工的消耗定额、物价水平和存货储备等情况，才能计算好生产量、销售量、存货量之间合理的比例，避免由于储备不足造成产销脱节的现象或过度储备造成产品积压的现象。

（3）供应预算

供应预算是预算期内企业采购物资、储备物资、供应物资等一系列供应活动的预算，主要包括采购预算、应付账款预算、材料存货预算、产品存货预算等。

（4）期间费用预算

期间费用预算是预算期内企业组织管理生产经营活动而发生的销售费用、管理费用、财务费用的预算，主要包括销售费用预算、管理费用预算和财务费用预算等。

（5）其他经营预算

其他经营预算是预算期内企业日常生产经营活动中有关计提折旧、应交税费、职工薪酬等的预算，主要包括应交税费预算、计提折旧预算、职工薪酬预算、其他往来预算、固定资产变动预算、资产减值预算等。

2. 投资预算

投资预算也称资本预算，是预算期内企业有关资本投资活动的预算，主要包括固定资产投资预算、权益资本投资预算、债券投资预算、其他投资预算和项目筹资预算等。

（1）固定资产投资预算

固定资产投资预算是预算期内企业为构建、改建、扩建、更新固定资产而进行资本投资的预算，主要包括基本建设投资预算、更新改造投资预算等。

（2）权益资本投资预算

权益资本投资预算是预算期内企业为了获得其他企业的股权及收益分配权而进行资本投资的预算，主要包括资本市场投资预算、联营投资预算、创办子公司预算等。

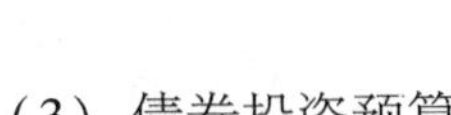

（3）债券投资预算

债券投资预算是预算期内企业购买国债、企业债券、金融债券等的预算，主要包括认购国债预算、购买企业债券预算、购买金融债券预算等。

（4）其他投资预算

其他投资预算是预算期内企业其他投资活动的预算，主要包括无形资产投资预算、收购兼并预算、投资收益预算等。

（5）项目筹资预算

项目筹资预算是预算期内企业有关投资活动所需资金筹措及到期项目借款偿还的预算，主要包括长期借款预算、发行债券预算、发行股票预算、债券还本付息预算等。

3. 财务预算

财务预算是预算期内企业财务活动、经营成果和财务状况方面的预算，主要包括利润预算、现金预算和财务状况预算。

（1）利润预算

利润预算是预算期内企业经营成果及利润分配的预算，主要包括利润预算、营业外收支预算、利润分配预算等。

（2）现金预算

现金预算是预算期内企业现金收支及筹措活动的预算，主要包括现金收支预算、现金流量预算、融资预算等。

（3）财务状况预算

财务状况预算是预算期初、期末企业财务状况变动情况的预算，主要包括所有者权益预算、资产负债预算等。

各预算之间前后衔接、相互关联、相互制约、相辅相成、环环相扣，存在着严格的勾稽关系。各项预算共同构成一个完整、科学、系统的预算体系，如图 4-1 所示。

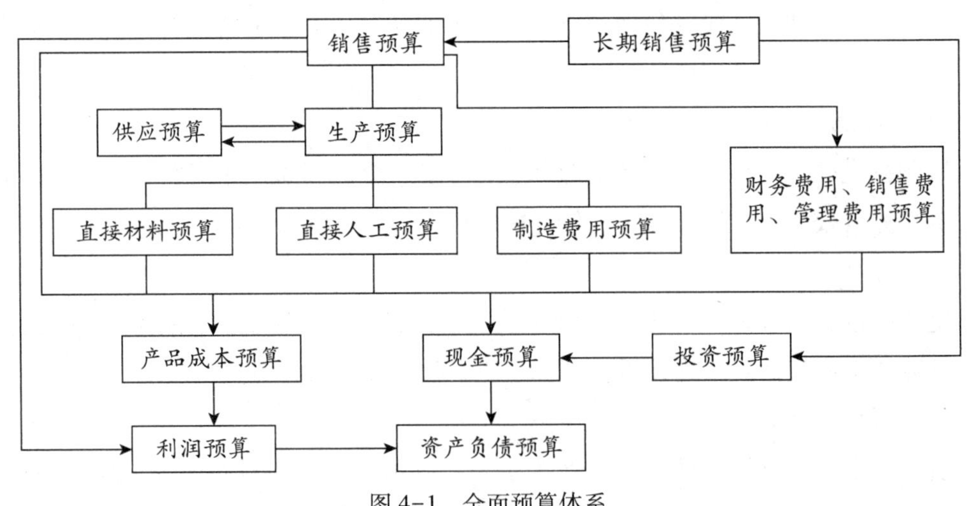

图 4-1　全面预算体系

第二节　全面预算的编制

【情境导入】

佳佳公司决定在董事会下设立预算领导小组，由其专门负责预算审核和预算监控。董事长为组长，李总为副组长，其余十几个组员来自公司不同部门，他们对公司生产、销售等环节均比较熟悉。今后每个部门报上来的预算，都要经过预算领导小组的审核。公司要求，财务部的预算编制人员不能总坐在办公室里，要到公司生产、营销、采购、人力资源等各个部门进行现场办公和学习，要成为对公司各业务流程和环节非常熟悉的通才。这样，编制出来的预算才能符合实际需要。佳佳公司这样推进预算工作将对公司经营发展起到什么作用呢？

一、全面预算的编制流程

企业应根据发展战略和年度生产经营计划，综合考虑预算期内的经济政策、市场环境等相关因素，按照上下结合、分级编制、逐级汇总的方式，编制年度全面预算。在实际操作中，全面预算的编制流程因企业所处的环境和企业管理思想而有所不同，主要有自上而下、自下而上和上下结合三种形式。

1. 自上而下的编制流程

在这一流程中，企业的最高管理层或预算管理部门根据企业的总体发展目标和下一年度的发展预期，结合企业所处行业的市场环境等相关因素，确定预算目标，编制年度预算的总额和标准，再按照一定的比例将总额分解并分配给企业各职能部门或责任中心。

自上而下编制预算是集权制管理的体现，具有强制性和权威性。由管理层确定预算目标，可以更加准确地将企业的战略发展目标直接体现到预算中，有利于保证企业整体利益的实现。但是，由于企业的各个职能部门或责任中心只是预算的执行部门，所以难以充分发挥其参与预算管理的积极性。在信息沟通不足、管理层对基层信息掌握有限的情况下，预算的编制可能脱离企业的实际，导致预算难以发挥其计划、协调、控制、考核的重要功能。

2. 自下而上的编制流程

在这一流程中，企业的最高管理层或预算管理部门会明确预算编制指标和要求，各职能部门或责任中心编报本部门或本责任中心的年度预算方案，然后按照一定的层级关系自下而上逐级汇总，最终形成企业年度预算。

3. 上下结合的编制流程

上下结合的编制流程是自上而下与自下而上两种编制流程的有机结合。在这一流程

中，企业的最高管理层或预算管理部门会拟定年度预算的目标、原则和要求，各职能部门或责任中心在此指导下编制本部门或本责任中心预算，经自上而下和自下而上的沟通、汇总、平衡之后，形成企业年度预算。一般来说，上下结合的预算编制流程包括下达目标、编制上报、审查平衡、审议批准、下达执行等环节。

（1）下达目标

企业董事会根据企业发展战略，提出下一年度企业财务预算目标，确定财务预算编制的政策，由企业管理层或预算管理部门下达给各预算执行部门。

（2）编制上报

各预算执行部门按照企业预算管理部门下达的财务预算目标和政策，结合自身特点及预测的执行条件，提出详细的财务预算方案，上报给企业财务部门。

（3）审查平衡

企业财务部门对各预算执行部门上报的财务预算方案进行审查、汇总，提出综合平衡的建议。在这个过程中，预算管理部门应当进行充分协调，对发现的问题提出初步调整意见，并反馈给有关预算执行部门，由其予以修正。

（4）审议批准

企业财务部门在各预算执行部门修正财务预算方案的基础上，编制出企业财务预算方案，报预算管理部门讨论。对于不符合企业发展战略或者财务预算目标的事项，预算管理部门应当责成有关预算执行部门进行修订、调整。最后，由企业财务部门正式编制企业年度财务预算草案，提交董事会审议批准。

（5）下达执行

企业财务部门对董事会审议批准的年度总预算进行分解，形成一系列指标体系，由预算管理部门逐级下达给各预算执行部门，由其执行。

二、全面预算的编制方法

企业可以根据不同的预算项目，分别采用固定预算法、弹性预算法、增量预算法、零基预算法、定期预算法、滚动预算法等方法编制各种预算。

1. 固定预算法与弹性预算法

（1）固定预算法

固定预算法又称静态预算法，是以预算期内正常的、可实现的某一既定业务量水平为基础编制预算的方法，一般适用于固定费用或者数额比较稳定的预算项目。

固定预算法的优点是编制过程简单，直观明了。其缺点是过于呆板，可比性差。使用这种方法时，不论预算期内业务量水平实际发生哪些变动，都只以事先确定的某一业务量水平作为编制预算的基础。当实际业务量与编制预算所依据的业务量发生较大差异时，有关预算指标的实际数与预算数就会因业务量基础不同而失去可

比性。

（2）弹性预算法

弹性预算法又称动态预算法，是在成本性态分析的基础上，依据业务量、成本和利润之间的联动关系，按照预算期内可能的一系列业务量（如生产量、销售量、工时等）水平编制系列预算的方法，实务中主要用于成本费用预算和利润预算的编制。

采用弹性预算法编制预算，其准确性在很大程度上取决于成本性态分析的可靠性。运用弹性预算法时要选用一个最能代表生产经营活动水平的计量单位。例如，制造单一产品或零件的部门可以选用实物数量，修理部门可以选用直接修理工时。

与固定预算法相比，弹性预算法有两个显著特点。第一，弹性预算法按一系列业务量水平编制预算，扩大了预算的适用范围；第二，弹性预算法按成本性态分类列示预算项目，在预算执行中可以计算一定实际业务量的预算成本，以便于预算执行的评价和考核。

运用弹性预算法编制预算的基本步骤是：

第一步，选择业务量的计量单位。

第二步，确定适用的业务量范围。

第三步，逐项研究并确定各项成本和业务量之间的数量关系。

第四步，计算各项预算成本并用一定的方式表达。

弹性预算法又分为公式法和列表法两种具体方法。

1）公式法。公式法是运用总成本性态模型测算预算期的成本费用数额并编制成本费用预算的方法。根据成本性态，成本与业务量之间的数量关系可用公式表示为：

$$y=a+bx$$

式中　y——成本预算总额；

a——预算期固定成本额；

b——预算期单位变动成本额；

x——预算业务量。

【例 4-1】佳佳公司制造费用中的修理费用与修理工时密切相关。经测算，预算期修理费用中的固定修理费用为 5 万元，单位工时的变动修理费用为 30 元/小时，预计预算期的修理工时为 4 000 小时，则预算期修理费用总额是：

修理费用总额＝50 000+30×4 000＝170 000（元）

【例 4-2】佳佳公司按公式法编制的制造费用预算（部分）见表 4-1，其中较大的混合成本项目已经被分解。

表 4-1 佳佳公司制造费用预算（按公式法编制）

费用项目	固定费用 a（元）	单位变动费用 b（元/工时）
修理费用	200	—
折旧费用	800	—
人工费用	1 000	—
运输费用	—	2
电力费用	—	1
材料费用	—	1
合计	2 000	4

注：业务量范围为 500~700 工时。

本例中，在业务量范围为 500~700 工时的情况下，$y=2\ 000+4x$。例如，在 600 工时时，制造费用预算为 $2\ 000+4\times600=4\ 400$（元）。

公式法的优点是，在一定范围内计算任何业务量的预算成本，可比性和适应性强，编制预算的工作量相对较小。其缺点是，按公式进行成本分解比较麻烦，对每个费用的子项目甚至细目逐一进行成本分解的工作量很大。另外，对于阶梯成本和曲线成本，只能先用数学方法修正为直线，才能运用公式法。必要时，还需在备注中说明适用不同业务量范围的固定费用和单位变动费用。

2）列表法。列表法是指通过列表的方式，将与各种业务量对应的预算数列示出来的一种预算编制方法。运用列表法编制预算，首先要在确定的业务量范围内划分出若干不同水平，然后分别计算各项预算数，最后汇总列入一个预算表格中。

【例 4-3】佳佳公司采用列表法编制的制造费用预算（部分）见表 4-2。

表 4-2 佳佳公司制造费用预算（按列表法编制）

业务量（工时）	4 800	5 400	6 000	6 600	7 200
生产能力利用率（%）	80	90	100	110	120
变动成本					
运输费用（$b=0.4$）（元）	1 920	2 160	2 400	2 640	2 880

续表

电力费用（b=1.0）（元）	4 800	5 400	6 000	6 600	7 200
材料费用（b=0.6）（元）	2 880	3 240	3 600	3 960	4 320
小计（b=2）（元）	9 600	10 800	12 000	13 200	14 400
混合成本					
修理费用（元）	2 000	2 050	2 100	2 150	2 200
油料费用（元）	1 000	1 050	1 100	1 150	1 200
小计（元）	3 000	3 100	3 200	3 300	3 400
固定成本					
折旧费用（元）	3 000	3 000	3 000	3 000	3 000
人工费用（元）	1 000	1 000	1 000	1 000	1 000
小计（元）	4 000	4 000	4 000	4 000	4 000
总计（元）	16 600	17 900	19 200	20 500	21 800

在表4-2中，佳佳公司分别列示了五种业务量水平的成本预算数据，意义在于无论实际业务量达到何种水平，都有一套适用的成本数据来发挥控制作用。

在运用列表法时，不管实际业务量是多少，不必经过计算即可找到与业务量相近的预算成本。混合成本中的阶梯成本和曲线成本也可按总成本性态模型计算填列，不必用数学方法修正为近似的直线成本。这样计算出来的预算成本比较符合成本的变动规律，可以用来评价和考核实际成本，容易确认。但是，运用列表法编制预算，在评价和考核实际成本时，还需要计算实际业务量的预算成本，比较麻烦。

2. 增量预算法与零基预算法

（1）增量预算法

增量预算法是指以基期成本费用水平为基础，结合预算期业务量水平及有关降低成本的措施，通过调整有关费用项目编制预算的方法。增量预算法以过去的成本费用水平为基础，在预算内容上不会进行较大调整，它遵循如下假设：

第一，企业现有业务活动是合理的，不需要进行调整。

第二，企业现有各项业务的开支水平是合理的，在预算期予以保持。

第三，以现有业务活动和各项活动的开支水平确定预算期各项活动的预算数。

【例 4-4】佳佳公司上年的制造费用为 1 000 万元，考虑到本年生产任务增加了 5%，按增量预算法编制的本年度制造费用预算为：

本年度制造费用预算＝1 000×(1+5%)＝1 050（万元）

采用增量预算法编制预算时可能会不加分析地保留或接受原有的成本费用项目，使原来不合理的成本费用继续开支而得不到控制，形成不必要开支合理化，造成预算的浪费。

（2）零基预算法

零基预算法是以零为基础编制计划和预算的方法，这种方法不考虑以往会计期间所发生的费用项目或费用数额，而是一切以零为出发点，按实际需要逐项审议预算期内各项费用的内容及开支标准是否合理，在综合平衡的基础上编制费用预算。

采用零基预算法编制预算的步骤如下：

第一步，企业内部各级部门的员工根据企业的生产经营目标，详细讨论预算期内应该发生的费用项目，并对每一费用项目编写一套方案，提出费用开支的目的及需要开支的费用数额。

第二步，划分不可避免费用项目和可避免费用项目。在编制预算时，对不可避免费用项目必须保证资金供应；对可避免费用项目，则需要逐项进行成本与效益分析，尽量不要将不可避免费用项目纳入预算当中。

第三步，划分不可延缓费用项目和可延缓费用项目。在编制预算时，应根据预算期内可供支配的资金数额在各费用项目之间进行分配。应优先安排不可延缓费用项目的开支，然后再根据需要按照费用项目的轻重缓急确定可延缓费用项目的开支。

零基预算法的优点表现在：不受现有费用项目的限制和现行预算的束缚，能够调动各方面节约费用的积极性，有利于促使各基层单位精打细算，合理使用资金。其缺点是工作量大。

3. 定期预算法与滚动预算法

（1）定期预算法

定期预算法是指在编制预算时，以不变的会计期间作为预算期的一种预算编制方法。这种方法的优点是能够使预算期与会计期间相对应，便于将实际数与预算数进行对比，有利于对预算执行情况进行分析和评价。但这种方法固定以 1 年为预算期，在执行一段时间之后，往往使管理人员只考虑剩余几个月的业务量，缺乏长远打算，导致一些短期行为的出现。

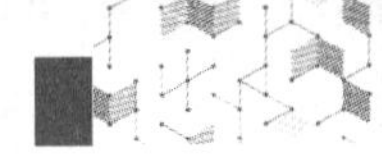

（2）滚动预算法

滚动预算法又称连续预算法或永续预算法，是指在编制预算时，将预算期与会计期间分开，随着预算的执行不断地补充预算，逐期向后滚动，使预算期始终保持为一个固定时间长度（一般为 12 个月）的一种预算编制方法。

滚动预算法的基本做法是使预算期始终保持固定时间长度（如 12 个月），每过 1 个月或 1 个季度，立即在期末增列 1 个月或 1 个季度的预算，逐期往后滚动，因而在任何一个时期都使预算期保持为 12 个月的时间长度。这种预算能使企业各级管理人员对未来始终保持整整 12 个月的考虑和规划，从而保证企业的经营管理工作能够稳定而有序地进行。这种预算要求一年中头几个月的预算详细完整，后几个月可以略粗一些。随着时间的推移，原来较粗的预算逐渐由粗变细，后面随之又补充新的较粗的预算，依此不断滚动，如图 4-2 所示。

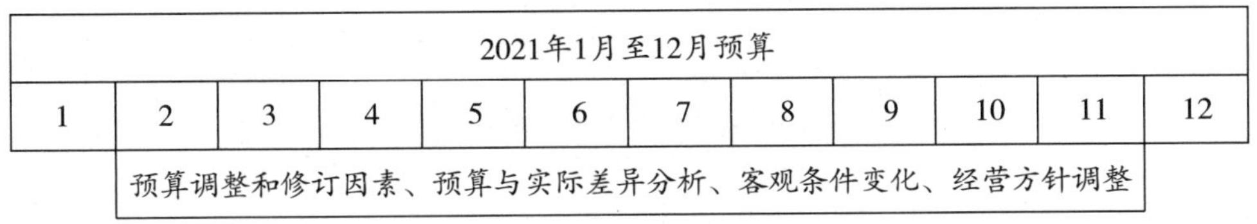

图 4-2　滚动预算法示意图

滚动预算法按照滚动的时间单位不同可分为逐月滚动、逐季滚动和混合滚动。逐月滚动是指在预算编制过程中，以月份为预算的编制和滚动单位，每个月调整一次预算的方法。按照逐月滚动方法编制的预算比较精确，但工作量较大。逐季滚动是指在预算编制过程中，以季度为预算的编制和滚动单位，每个季度调整一次预算的方法。逐季滚动编制预算比逐月滚动编制预算工作量小，但精确度较差。在实际工作中，通常采用混合滚动预算法。

混合滚动预算法是指在预算编制过程中，同时以月份和季度作为预算的编制和滚动单位，每个季度细化调整一次预算的方法。例如，在 2021 年 1 月—12 月的预算执行过程中，需要在一季度末根据一季度预算的执行情况分月份细化修订第二季度的预算并修订第三季度至第四季度的预算，同时补充 2022 年第一季度的预算。到第二季度末，要根据第二季度预算的执行情况，分月份细化修订第三季度的预算并修订第四季度至 2022 年第一季度的预算，同时补充 2022 年第二季度的预算，如图 4-3 所示。

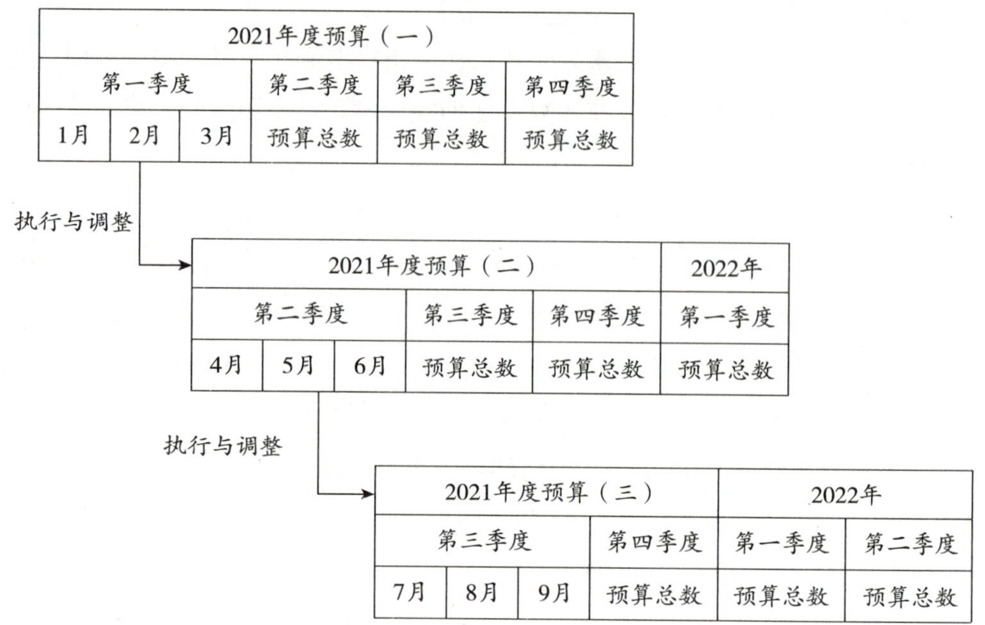

图 4-3　混合滚动预算法示意图

第三节　全面预算的应用

【情境导入】

会计赵明被最近的年度预算搞得焦头烂额，好不容易把各部门表格收集整理好，李总又来任务了。他要求总账会计王丹和赵明共同完成现金预算编制，并且出具预算财务报表，赵明赶紧向总账会计请教。那么，预算财务报表的编制与财务报表的编制有什么联系？具体应该怎么做呢？

一、现金预算的编制

现金预算又称现金收支预算，是反映预算期企业全部现金收入和全部现金支出的预算。完整的现金预算一般包括现金收入、现金支出、现金收支差额以及资金的筹集与运用四个部分。

其中，现金收入主要指经营活动产生的现金收入，一般来自现金余额和产品销售现金收入。现金支出除了涉及有关直接材料、直接人工、制造费用、销售费用、管理费用、缴纳税金、股利分配等方面的经营性现金支出外，还包括购买设备等资本性支出。现金收支差额反映了现金收入合计数与现金支出合计数之间的差。差额为正，说明现金有多余，可用于偿还过去的银行借款，或用于购买短期证券等；差额为负，说明现金不足，需要积极回收或筹集资金。资金的筹集和运用主要涉及预算期内向银行借款和还款、支

付利息以及进行短期投资和投资收回等业务。

现金预算是其他预算中有关现金收支部分的汇总，也是收支差额平衡措施的具体计划。现金预算的编制要以其他各项预算为基础，或者说其他预算在编制时要为现金预算做好数据准备。

1. 销售预算

销售预算是整个预算的编制起点，是其他预算的编制基础，它根据预算期现销收入与回收赊销货款的情况反映预计现金收入，为编制现金收支预算提供信息。

【例 4-5】佳佳公司下属子公司佳华公司是一家微型企业，近期按照要求向母公司提交了年度预算报告。其中，佳华公司根据预计的 2021 年各季度销售量及售价的有关资料编制了销售预算表，见表 4-3。

表 4-3 佳华公司 2021 年销售预算表

项目	第一季度	第二季度	第三季度	第四季度	全年合计
预计销售量（件）	5 000	7 500	10 000	9 000	31 500
预计单价（元/件）	20	20	20	20	20
销售收入（元）	100 000	150 000	200 000	180 000	630 000

假设佳华公司每季度销售收入能够在本季度收到 60%，其余赊销款在下季度收回。佳华公司 2021 年预计现金收入表见表 4-4。

表 4-4 佳华公司 2021 年预计现金收入表 单位：元

项目	本期发生额	现金收入			
		第一季度	第二季度	第三季度	第四季度
期初数	31 000	31 000	—	—	—
第一季度	100 000	60 000	40 000	—	—
第二季度	150 000	—	90 000	60 000	—
第三季度	200 000	—	—	120 000	80 000
第四季度	180 000	—	—	—	108 000
期末数	-72 000	—	—	—	—
合计	589 000	91 000	130 000	180 000	188 000

2. 生产预算

生产预算需要根据销售预算进行编制。通常，企业的生产和销售很难同步，生产的产品除了满足销售需要外，还需要保证一定量的库存，以应对额外需求，节省赶工带来的额外开支。预计生产量的计算公式是：

预计生产量=预计销售量+预计期末存货量-预计期初存货量

【例4-6】接上例，佳华公司希望能在每季度末保持相当于下季度销售量10%的期末存货。上年年末产品期末存货为500件，单位成本为8元/件，成本共计4 000元。佳华公司2021年生产预算表见表4-5。

表4-5　佳华公司2021年生产预算表　　单位：件

项目	第一季度	第二季度	第三季度	第四季度	全年合计
预计销售量	5 000	7 500	10 000	9 000	31 500
加：期末存货量	750	1 000	900	1 000	1 000
合计	5 750	8 500	10 900	10 000	32 500
减：期初存货量	500	750	1 000	900	500
预计生产量	5 250	7 750	9 900	9 100	32 000

3. 直接材料预算

在生产预算的基础上可以编制直接材料预算，同时还要考虑期初、期末原材料存货的水平。期末存货量一般按照下期生产需要量的一定百分比计算。相关计算公式是：

生产需要量=预计生产量×单位产品材料耗用量

预计采购量=生产需要量+期末存货量-期初存货量

【例4-7】接上例，假设佳华公司产品只耗用一种材料，公司每季度末材料存货量分别为2 100千克、3 100千克、3 960千克、3 640千克，上年年末库存材料1 500千克。佳华公司2021年直接材料预算表见表4-6。假设上述材料采购货款50%在本季度付清，其余50%下季度付清，佳华公司2021年预计现金支出表见表4-7。

表4-6　佳华公司2021年直接材料预算表

项目	第一季度	第二季度	第三季度	第四季度	全年合计
预计生产量（件）	5 250	7 750	9 900	9 100	32 000
单位产品材料耗用量（千克/件）	2	2	2	2	2
生产需要量（千克）	10 500	15 500	19 800	18 200	64 000
加：预计期末存货量（千克）	2 100	3 100	3 960	3 640	3 640
合计（千克）	12 600	18 600	23 760	21 840	67 640
减：预计期初存货量（千克）	1 500	2 100	3 100	3 960	1 500
预计采购量（千克）	11 100	16 500	20 660	17 880	66 140
采购单价（元/千克）	2.5	2.5	2.5	2.5	2.5
预计采购金额（元）	27 750	41 250	51 650	44 700	165 350

表 4-7　佳华公司 2021 年预计现金支出表　　　单位：元

项目	本期发生额	现金支出			
		第一季度	第二季度	第三季度	第四季度
期初	11 000	11 000	—	—	—
第一季度	27 750	13 875	13 875	—	—
第二季度	41 250	—	20 625	20 625	
第三季度	51 650	—	—	25 825	25 825
第四季度	44 700	—	—	—	22 350
期末	-22 350	—	—	—	—
合计	154 000	24 875	34 500	46 450	48 175

4. 直接人工预算

直接人工预算是以生产预算为基础编制的，主要内容有预计生产量、单位产品工时、人工总工时、每小时人工成本和人工总成本。直接人工预算也为编制现金预算提供资料。

【例 4-8】佳华公司 2021 年直接人工预算表见表 4-8。

表 4-8　佳华公司 2021 年直接人工预算表

项目	第一季度	第二季度	第三季度	第四季度	全年合计
预计生产量（件）	5 250	7 750	9 900	9 100	32 000
单位产品工时（小时/件）	0. 2	0. 2	0. 2	0. 2	0. 2
人工总工时（小时）	1 050	1 550	1 980	1 820	6 400
每小时人工成本（元/小时）	10	10	10	10	10
人工总成本（元）	10 500	15 500	19 800	18 200	64 000

5. 制造费用预算

制造费用预算指除了直接材料和直接人工预算以外的其他生产成本的预算。制造费用按其成本性态可分为变动制造费用和固定制造费用两部分。变动制造费用预算以生产预算为基础编制，即根据预计生产量和预计的变动制造费用分配率计算；固定制造费用是期间成本直接列入损益作为当期利润的一个扣减项目，与本期的生产量无关，一般可以采用零基预算法编制相关预算。

【例 4-9】佳华公司 2021 年制造费用预算表见表 4-9。

表 4-9　佳华公司 2021 年制造费用预算表　　金额单位：元

项目	每小时费用分配率（元/小时）	第一季度	第二季度	第三季度	第四季度	全年合计
预计人工总工时（小时）	—	1 050	1 550	1 980	1 820	6 400
变动制造费用						
间接材料	1	1 050	1 550	1 980	1 820	6 400
间接人工	0.6	630	930	1 188	1 092	3 840
修理费	0.4	420	620	792	728	2 560
水电费	0.5	525	775	990	910	3 200
小计	2.5	2 625	3 875	4 950	4 550	16 000
固定制造费用						
修理费	—	3 000	3 000	3 000	3 000	12 000
水电费	—	1 000	1 000	1 000	1 000	4 000
管理人员工资	—	2 000	2 000	2 000	2 000	8 000
折旧费	—	5 000	5 000	5 000	5 000	20 000
保险费	—	1 000	1 000	1 000	1 000	4 000
小计	—	12 000	12 000	12 000	12 000	48 000
合计	—	14 625	15 875	16 950	16 550	64 000
减：折旧	—	5 000	5 000	5 000	5 000	20 000
现金支出费用	—	9 625	10 875	11 950	11 550	44 000

在制造费用预算中，除了折旧费以外都需要支付现金。为了便于编制现金预算，需要预计现金支出，将制造费用预算额扣除折旧费后，调整为现金支出的费用即可。

6. 产品生产成本预算

产品生产成本预算是生产预算、直接材料预算、直接人工预算和制造费用预算的汇总。为了计算产品的销售成本，必须先确定产品的生产总成本和单位成本。

【例 4-10】佳华公司 2021 年产品生产成本预算表见表 4-10 和表 4-11，其中全年生产量为 32 000 件，假设此例中存货流转采用先进先出法。

表 4-10　佳华公司 2021 年产品生产成本预算表（1）

项目	单位产品耗用量（千克/件或小时/件）	单价（元/千克或元/小时）	单位成本（元/件）	总成本（元）
直接材料	2	2.5	5	160 000
直接人工	0.2	10	2	64 000
变动制造费用	0.2	2.5	0.5	16 000
合计	—	—	7.5	240 000

表 4-11　佳华公司 2021 年产品生产成本预算表（2）

产成品存货	数量（件）	单位成本（元/件）	总成本（元）
年初存货	500	8	4 000
年末存货	1 000	7.5	7 500
本年销售	31 500	—	236 500①

注：① = 500×8+(31 500−500)×7.5

年初存货的单位成本为 8 元/件，本年生产产品的单位成本为 7.5 元/件。

7. 销售费用及管理费用预算

销售费用及管理费用是指为了实现产品销售和维持一般管理业务所发生的费用，可分为变动销售费用及管理费用、固定销售费用及管理费用。销售费用及管理费用预算的编制方法与制造费用预算的编制方法相同。

【例 4-11】佳华公司 2021 年销售费用及管理费用预算表见表 4-12。

表 4-12　佳华公司 2021 年销售费用及管理费用预算表　　单位：元

项目	变动费用率（按销售收入）	第一季度	第二季度	第三季度	第四季度	全年合计
预计销售收入		100 000	150 000	200 000	180 000	630 000
变动销售费用及管理费用						
销售佣金	1%	1 000	1 500	2 000	1 800	6 300
运输费	1.60%	1 600	2 400	3 200	2 880	10 080
广告费	5%	5 000	7 500	10 000	9 000	31 500
小计	7.60%	7 600	11 400	15 200	13 680	47 880

续表

项目	变动费用率（按销售收入）	第一季度	第二季度	第三季度	第四季度	全年合计
固定销售费用及管理费用						
薪金		5 000	5 000	5 000	5 000	20 000
办公用品		4 500	4 500	4 500	4 500	18 000
杂项		3 500	3 500	3 500	3 500	14 000
小计		13 000	13 000	13 000	13 000	52 000
合计		20 600	24 400	28 200	26 680	99 880

8. 现金预算

现金预算编制以各项日常业务预算和特殊决策预算为基础，反映各预算项目收入和支出款项。做好现金预算，能帮助企业控制现金收支的限额，在面对资金不足时及时安排筹措资金，资金充裕时提高资金效用，充分发挥现金管理的作用。

【例 4-12】根据例 4-5 至例 4-11 所编制的各种预算表，假设佳华公司每季度末应保持现金余额 1 万元，若资金不足，在每季度初借入资金，年末归还本金及利息，借款年利率为 8%。2021 年，公司准备投资 10 万元购入设备，于第二季度和第三季度分别支付价款的 50%，每季度预交所得税 1.5 万元，在第三季度发放现金股利 3 万元，第四季度购买国债 1 万元。

依据上述资料编制的佳华公司 2021 年现金预算表见表 4-13。

表 4-13　佳华公司 2021 年现金预算表　　单位：元

项目	第一季度	第二季度	第三季度	第四季度	全年合计
期初现金余额	8 000	18 400	10 125	10 725	8 000
加：销货现金收入	91 000	130 000	180 000	188 000	589 000
可供使用现金	99 000	148 400	190 125	198 725	636 250
减：现金支出					
直接材料	24 875	34 500	46 450	48 175	154 000
直接人工	10 500	15 500	19 800	18 200	64 000
制造费用	9 625	10 875	11 950	11 550	44 000

续表

项目	第一季度	第二季度	第三季度	第四季度	全年合计
销售费用及管理费用	20 600	24 400	28 200	26 680	99 880
预交所得税	15 000	15 000	15 000	15 000	60 000
购买国债	—	—	—	10 000	10 000
发放股利	—	—	30 000	—	30 000
购买设备	—	50 000	50 000	—	100 000
支出合计	80 600	150 275	201 400	129 605	561 880
现金收支差额	18 400	-1 875	-11 275	69 120	74 370
向银行借款	—	12 000	22 000	—	34 000
归还银行借款	—	—	—	34 000	34 000
借款利息（年利率 8%）	—	—	—	1 600①	1 600
期末现金余额	18 400	10 125	10 725	33 520	33 520

注：①= 12 000×8%÷4×3+22 000×8%÷4×2

二、预算财务报表的编制

预算财务报表是财务管理的重要工具，主要包括预计利润表和预计资产负债表。

1. 预计利润表

预计利润表是指以货币形式综合反映预算期内企业经营活动成果的一种预算财务报表。该报表是以销售预算、产品成本预算、应交税金及附加预算、制造费用预算、销售费用预算、管理费用预算和财务费用预算等日常业务预算为基础，按照权责发生制原则编制的。

【例 4-13】根据上述各种预算资料，佳华公司 2021 年预计利润表见表 4-14。

表 4-14　佳华公司 2021 年预计利润表　　单位：元

项目	第一季度	第二季度	第三季度	第四季度	全年合计
营业收入	100 000	150 000	200 000	180 000	630 000
减：变动生产成本	37 750	56 250	75 000	67 500	236 500
变动销售费用和管理费用	7 600	11 400	15 200	13 680	47 880
边际贡献	54 650	82 350	109 800	98 820	345 620
减：固定制造费用	12 000	12 000	12 000	12 000	48 000
固定销售费用和管理费用	13 000	13 000	13 000	13 000	52 000

续表

项目	第一季度	第二季度	第三季度	第四季度	全年合计
利息费用	—	—	—	1 600	1 600
税前利润	29 650	57 350	84 800	72 220	244 020
减：所得税	7 413	14 338	21 200	18 055	61 006
税后利润	22 237	43 012	63 600	54 165	183 014

2. 预计资产负债表

预计资产负债表是以货币形式反映预算期期末企业财务状况的预算财务报表。该表是以期初资产负债表为基础，根据销售、生产、资本等预算的有关数据加以调整编制的。

【例 4–14】佳华公司 2021 年预计资产负债表（简表）见表 4–15①。

表 4–15　佳华公司 2021 年预计资产负债表（简表）　　单位：元

资产	期末数	期初数	负债和所有者权益	期末数	期初数
流动资产：			流动负债：		
货币资金	33 520	8 000	应付账款	22 350	11 000
应收账款	72 000	31 000	应交税费	1 006④	
原材料	9 100	3 750	流动负债合计	23 356	11 000
产成品	7 500	4 000	非流动负债：		
短期投资	10 000		长期借款	40 000	40 000
流动资产合计	132 120	46 750	非流动负债合计	40 000	40 000
非流动资产：			负债合计	63 356	51 000
固定资产原值	370 000②	270 000	所有者权益：		
减：累计折旧	52 250③	32 250	实收资本	200 000	200 000
固定资产净值	317 750	237 750	留存收益	186 514⑤	33 500
非流动资产合计	317 750	237 750	所有者权益合计	386 514	233 500
资产总计	449 870	284 500	负债和所有者权益总计	449 870	284500

注：①当企业预缴税款超过应纳税款时，企业可以要求退还税款或者抵缴其下一年度应缴企业所得税税款。本例未考虑增值税等其他税费。

②=270 000+100 000（见表 4–13）

③=32 250+20 000（见表 4–9）

④=61 006–60 000（见表 4–13、表 4–14）

⑤=33 500+183 014–30 000（见表 4–13、表 4–14）

思考与练习

1. 什么是全面预算？企业为何要编制全面预算？
2. 全面预算包括哪些内容？它们之间有什么关系？
3. 全面预算的编制方法有哪些？它们的优缺点和适用范围各是什么？
4. 现金预算包括哪些具体内容？各项内容的资料来源是什么？
5. 编制全面预算为什么要以销售预算为起点？编制销售预算的主要依据是什么？

第五章
营运资金管理

学习目标

1. 理解营运资金管理的基本要求。
2. 掌握最佳现金持有量的计算方法。
3. 掌握应收账款、存货、流动负债的管理方法。

在企业日常经营过程中，不仅资本支出需要资金，应收和应付管理及存货控制等都与资金收支有关。企业因资金周转不灵而破产的案例随处可见，可见营运资金管理对企业的重要性。营运资金管理主要包括现金管理、应收账款管理、存货管理和流动负债管理。

思维导图

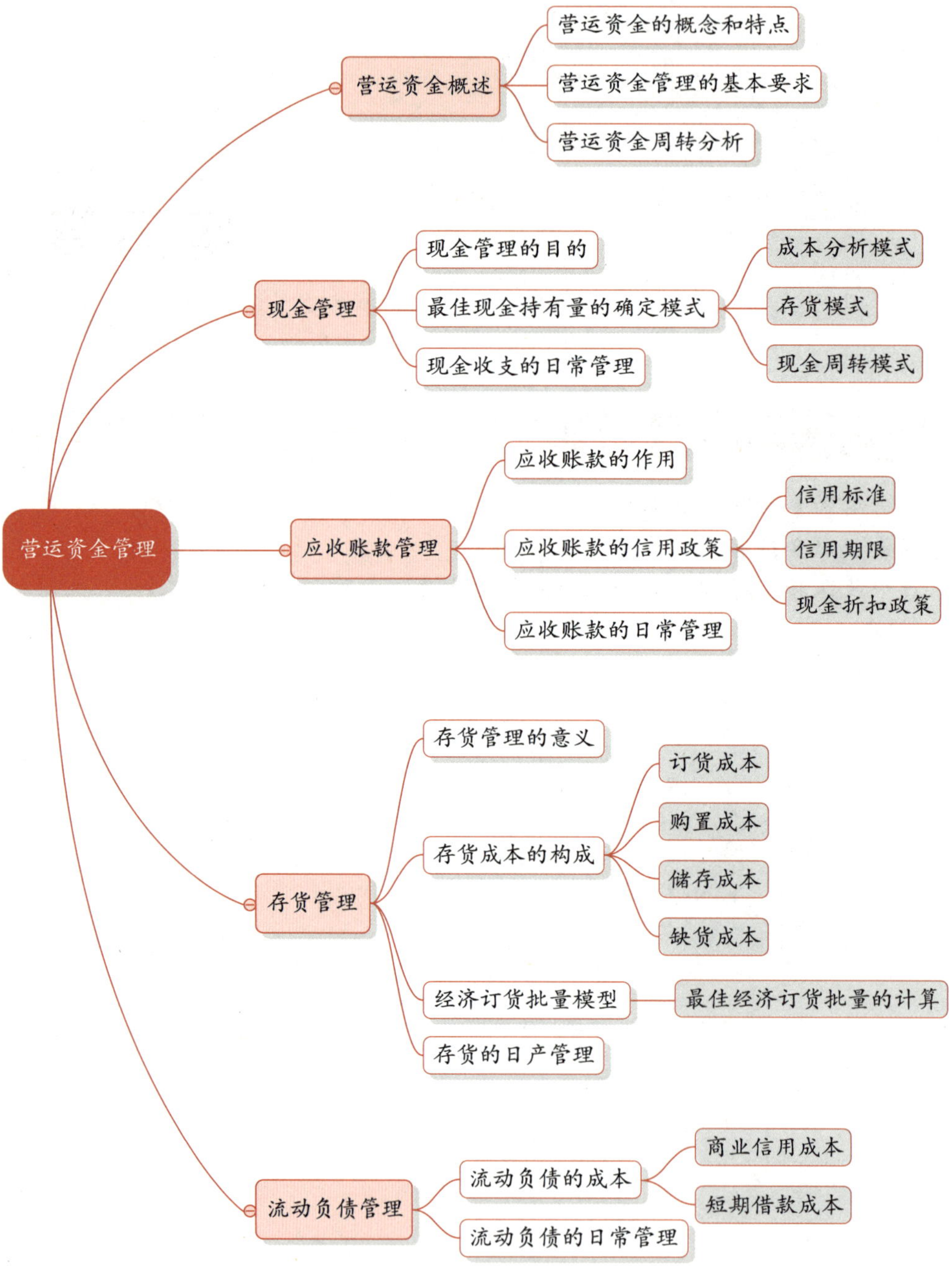

- 营运资金管理
  - 营运资金概述
    - 营运资金的概念和特点
    - 营运资金管理的基本要求
    - 营运资金周转分析
  - 现金管理
    - 现金管理的目的
    - 最佳现金持有量的确定模式
      - 成本分析模式
      - 存货模式
      - 现金周转模式
    - 现金收支的日常管理
  - 应收账款管理
    - 应收账款的作用
    - 应收账款的信用政策
      - 信用标准
      - 信用期限
      - 现金折扣政策
    - 应收账款的日常管理
  - 存货管理
    - 存货管理的意义
    - 存货成本的构成
      - 订货成本
      - 购置成本
      - 储存成本
      - 缺货成本
    - 经济订货批量模型
      - 最佳经济订货批量的计算
    - 存货的日产管理
  - 流动负债管理
    - 流动负债的成本
      - 商业信用成本
      - 短期借款成本
    - 流动负债的日常管理

第一节　营运资金概述

【情境导入】

一天，佳佳公司董事长找到李总，了解关于资金的问题。他说："李总，这个月报表中我们的货币资金有1 500多万元。之前公司可从来没闲置过这么多资金，这个好不好？是不是哪个环节出了问题？"

李总不慌不忙地回答："董事长，这么多现金留置于账上，确实有一定问题。但是，针对这个问题我已经拟定了一个方案，我先发给您看看。"

一、营运资金的概念和特点

1. 营运资金的概念

营运资金是指企业生产经营活动中占用的资金，是企业开展日常营运活动（经营活动）的资本。营运资金有广义和狭义之分，广义的营运资金是指一个企业流动资产的总额，狭义的营运资金是指流动资产减去流动负债后的余额。

流动资产是指可以在一年内或超过一年的一个营业周期内变现或运用的资产，包括货币资金、交易性金融资产、应收票据、应收账款、存货等。

流动负债是指需要在一年或者超过一年的一个营业周期内偿还的债务，包括短期借款、交易性金融负债、应付票据、应付账款、应付职工薪酬、应交税费等。

流动负债通常需要用流动资产在未来给予偿还，狭义的营运资金如果为负数，表明在现有经营状况不变的情况下，企业未来需要通过借款来偿还债务，短期偿债风险极大。但营运资金过多也不好，可能导致资金使用效率不高。

2. 生产企业营运资金周转轨迹

一般来说，生产企业的营运资金周转轨迹分为四个阶段，如图5-1所示。

3. 营运资金的特点

（1）营运资金周转速度快，变现能力强

企业占用的流动资产通常会在一年或一个营业周期内变现或使用，相对于长期资产而言，营运资金的周转速度快。流动资产中的交易性金融资产、应收票据、应收账款等，容易较快变现为货币资金。

（2）营运资金数量具有波动性

营运资金的数量会在企业生产经营过程

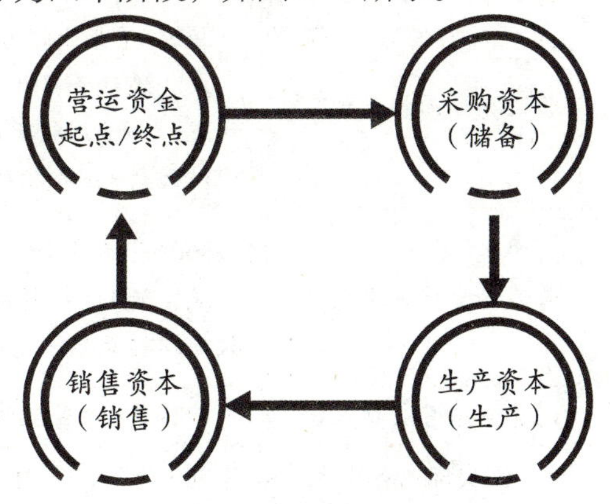

图5-1　生产企业的营运资金周转轨迹

中，随供、产、销及内外部环境或季节供求关系的变化出现时低时高的变化，即波动性较大。

（3）营运资金来源具有多样性

营运资金筹资方式相对较为灵活，所筹资金通常表现为短期借款、应付账款、票据贴现、其他应付款等。

二、营运资金管理的基本要求

1. 保证合理的资金需求

营运资金管理的首要任务是保证企业正常的生产、管理和销售运转，满足企业正常合理的资金需求。

2. 保持足够的短期偿债能力

合理的营运资金储备量和周转率是衡量企业偿债能力的指标，也是判断企业短期偿债能力的重要因素。

3. 节约资金使用成本

企业一方面要挖掘资金潜力，盘活全部资金，精打细算使用资金，另一方面也要积极拓展融资渠道，优化企业资源配置，降低筹资成本和用资成本。

4. 提高资金使用效率

企业可以加快存货、应收账款等流动资产的周转，不断缩短产品销售周期，加速变现过程，加快营运资金周转，不断提高营运资金的使用效率。

三、营运资金周转分析

营运资金周转分析常用指标及其计算公式见表5-1。

表5-1　营运资金周转分析常用指标及其计算公式

指标	计算公式
营运资金周转率	营业收入÷营运资金 营业收入÷(流动资产-流动负债)
营运资金周转天数	360[①]÷(营业收入÷营运资金) 或，流动资产周转天数-流动负债周转天数 或，存货周转天数+应收账款周转天数-应付账款周转天数+预付款项周转天数-预收款项周转天数等
营运资金周转次数	360÷营运资金周转天数 或，360÷(存货周转天数+应收账款周转天数-应付账款周转天数+预付款项周转天数-预收款项周转天数等)
营运资金与营业收入比	营运资金÷营业收入

注：①实际业务中也可采用365计算，下同。

营运资金周转率是营业收入与营业资金的比率。营运资金周转次数代表1年中营运资

金的周转次数，也代表每1元营运资金所带来的营业收入。营运资金周转天数表明营运资金周转一次需要的时间，即营运资金换成现金平均需要的时间。营运资金与营业收入比代表每1元营业收入需要的营运资金数额。

营运资金周转率越高或周转天数越短，表明企业营运资金的使用效率越高。反之，营运资金周转率越低或周转天数越长，表明企业营运资金的使用效率越低。

【例5-1】佳佳公司华南分公司2020年度的资产负债表（简表）及利润表（简表）分别见表5-2和表5-3，以下根据表中数据计算该公司营运资金周转率等分析指标。

表5-2　佳佳公司华南分公司资产负债表（简表）

编制单位：佳佳公司华南分公司　　　　2020年12月31日　　　　单位：万元

资产	期末数	期初数	负债和所有者权益	期末数	期初数
流动资产：			流动负债：		
货币资金	6.92	9.80	短期借款	8.00	5.00
交易性金融资产			应付票据	6.50	4.20
应收票据	7.82	3.80	应付账款	8.63	7.42
应收账款	39.08	58.42	预收款项	4.41	7.41
预付款项	16.93	7.30	应付职工薪酬	8.97	4.59
其他应收款	6.81	5.92	应交税费	4.30	5.60
存货	62.44	14.76	其他应付款	8.19	2.78
流动资产合计	140.00	100.00	流动负债合计	49.00	37.00
非流动资产：			非流动负债：		
长期应收款			长期借款	20.00	20.00
长期股权投资			非流动负债合计	20.00	20.00
固定资产	41.00	42.00	负债合计	69.00	57.00
在建工程			所有者权益：		
使用权资产			实收资本	50.00	50.00
无形资产			资本公积	15.00	15.00
非流动资产合计	41.00	42.00	盈余公积		
			未分配利润	47.00	20.00
			所有者权益合计	112.00	85.00
资产总计	181.00	142.00	负债和所有者权益总计	181.00	142.00

表 5-3　佳佳公司华南分公司利润表（简表）

编制单位：佳佳公司华南分公司　　2020 年 12 月　　单位：万元

项目	本期金额	上期金额
一、营业收入	350.00	280.00
减：营业成本	260.00	210.00
税金及附加	14.00	12.00
销售费用	20.00	22.00
管理费用	12.00	8.00
财务费用	10.00	9.00
加：投资收益（损失以"-"号填列）		
二、营业利润（亏损以"-"号填列）	34.00	19.00
加：营业外收入	3.13	1.00
减：营业外支出	2.18	0.00
三、利润总额（亏损总额以"-"号填列）	34.95	20.00
减：所得税费用	8.74	5.00
四、净利润（净亏损以"-"号填列）	26.21	15.00

方法一：直接套用公式计算。

营运资金周转率＝350÷(140−49)＝3.85

营运资金周转天数＝360÷3.85≈93.51（天）

营运资金与营业收入比＝(140−49)÷350＝0.26

方法二：根据财务报表数据计算企业各项流动资产的周转分析指标后汇总得出，计算过程分别见表 5-4、表 5-5、表 5-6。

表 5-4　佳佳公司华南分公司各项流动资产周转分析指标

流动资产项目	周转率			周转天数（天）			流动资产与营业收入比		
	上年	本年	变动	上年	本年	变动	上年	本年	变动
货币资金	28.57	50.58	22.01	12.6	7.12	-5.48	0.04	0.02	-0.02
应收票据	73.68	44.76	-28.92	4.89	8.04	3.15	0.01	0.02	0.01
应收账款	4.79	8.96	4.17	75.16	40.18	-34.98	0.21	0.11	-0.1
预付款项	38.36	20.67	-17.69	9.38	17.42	8.04	0.03	0.05	0.02
其他应收款	47.30	51.40	4.10	7.61	7.00	-0.61	0.02	0.02	0
存货	18.97	5.61	-13.36	18.98	64.17	45.19	0.05	0.18	0.13
合计	2.80	2.50	-0.30	128.62	143.93	15.31	0.36	0.40	0.04

表 5-5 佳佳公司华南分公司各项流动负债周转分析指标

流动负债项目	周转率			周转天数（天）			流动负债与营业收入比		
	上年	本年	变动	上年	本年	变动	上年	本年	变动
短期借款	56.00	43.75	-12.25	6.43	8.23	1.8	0.02	0.02	0.00
应付票据	66.67	53.85	-12.82	5.4	6.69	1.29	0.02	0.02	0.00
应付账款	37.74	40.56	2.82	9.54	8.88	-0.66	0.03	0.02	-0.01
预收款项	37.79	79.37	41.58	9.53	4.54	-4.99	0.03	0.01	-0.02
应付职工薪酬	61.00	39.02	-21.98	5.9	9.23	3.33	0.02	0.03	0.01
应交税费	50.00	81.40	31.40	7.20	4.42	-2.78	0.02	0.01	-0.01
其他应付款	100.72	42.74	-57.98	3.57	8.42	4.85	0.01	0.02	0.01
合计	7.57	7.14	-0.43	47.57	50.41	2.84	0.13	0.14	0.01

表 5-6 佳佳公司华南分公司营运资金周转分析指标

营运资金项目	周转率			周转天数（天）			营运资金与营业收入比		
	上年	本年	变动	上年	本年	变动	上年	本年	变动
流动资产合计	2.80	2.50	-0.30	128.62	143.93	15.31	0.36	0.40	0.04
流动负债合计	7.57	7.14	-0.43	47.57	50.41	2.84	0.13	0.14	0.01
营运资金	4.44	3.85	-0.59	81.05	93.52	12.47	0.23	0.26	0.03

注：本年营运资金周转天数为 94.84 天，与例 5-1 的计算结果 93.51 天相比略有差异，属计算差异，可以忽略不计。

影响营运资金周转率的因素较多，如大额现金储备、交易性金融资产（短期投资）、账龄较长的应收账款、大量滞销存货等均有可能导致营运资金周转率偏低。分析明细项目的周转率有助于找准具体影响因素，做好判断。

第二节 现金管理

【情境导入】

近年来，国内服装市场的消费观以舒适、健康、生态化为导向，人们更偏爱具有吸汗透气、排湿保暖、轻薄清凉等特点的新型面料。佳佳公司打算通过高薪及优厚福利引入高科技人才，充实公司服装面料及款式设计的研发团队。为保证研发工作的顺利开展，公司要有充沛的资金为后盾，同时也应留有足额的资金以备用，这就涉及现金管理的知识。

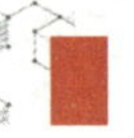

一、现金管理的目的

现金是指企业的货币资金。狭义的现金仅指库存资金，广义的现金不仅包括库存资金，还包括可以随时用于支付的银行存款、其他货币资金及现金等价物。这里所讲的现金是广义的现金，是企业流通性最强的资产，是可以立即投入流通的交换媒介。

企业在经营过程中应持有一定量的现金，这是企业生产经营的必要条件，也是降低财务风险、提高偿债能力的基础。一般来说，企业持有现金需要满足交易性、预防性和投机性的需要。

1. 交易性需要

交易性需要是指企业为了进行日常业务开支而持有现金的需要。现金具有普遍的可接受性，用现金能有效快速地购买原材料、商品、劳务或偿还债务等。企业虽然会取得收入，但是企业的收入与支出不可能同步同量，持有适当的现金是企业经营活动正常开展的重要前提。

2. 预防性需要

预防性需要是指企业为防止意外而持有现金的需要。现代企业的经济环境日趋复杂，也有可能会遇到自然灾害，对于现金的需求具有较大的不确定性。因此，企业需要备有应对这些意外的现金。

3. 投机性需要

投机性需要是指企业为进行投资而持有现金的需要。例如，通过购买物美价廉的原材料或商品赚取收益，通过购买合适的有价证券取得投资收益。

企业为了获得最大的经济效益，需要持有合理的现金，做到既能满足日常业务开支需要，又要避免闲置浪费。现金管理的目的就是将企业的现金持有量减少到最低限度，并尽可能获得最大的经济效益。

二、最佳现金持有量的确定模式

最佳现金持有量是指现金成本最低时的现金余额。它是既可满足生产经营需要，又使现金使用效率和效益达到最高时的现金最低持有量。最佳现金持有量的确定模式主要有成本分析模式、存货模式、现金周转模式，如图 5-2 所示。

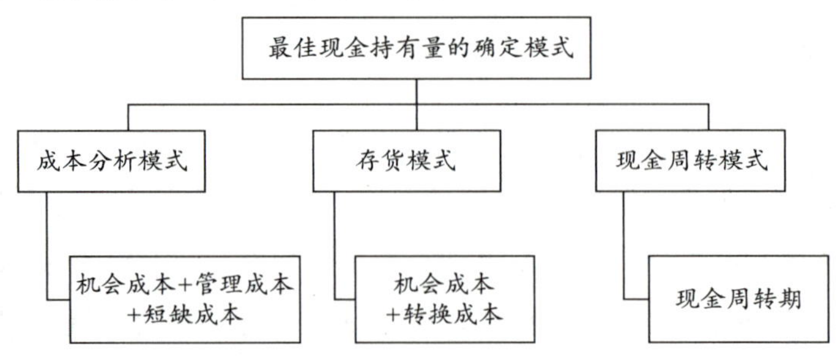

图 5-2　最佳现金持有量的确定模式

1. 成本分析模式

成本分析模式是通过分析持有现金的相关成本，分析预测其总成本最低时现金持有量的一种模式。

（1）机会成本

机会成本也叫持有成本，是企业为从事某项经营活动而放弃另一项经营活动所产生的收益。机会成本属于变动成本，与资金的持有量成正比。现金持有量越大，机会成本越高。

（2）管理成本

管理成本是企业为管理现金而发生的管理费用，如管理人员的工资、安全防范措施费、存放现金的保险箱购置费等。管理成本相对比较固定，与现金持有量之间无明显比例关系。

（3）转换成本

转换成本是指企业用现金购入有价证券，以及转让有价证券换取现金时付出的交易费用。一般来说，现金持有量越少，进行证券变现的次数越多，相应的转换成本就越高。

（4）短缺成本

短缺成本是指因现金持有量不足，且无法及时通过有价证券变现补充而给企业造成的损失。如果企业由于现金短缺不能按期归还贷款，就会影响企业信誉，损害企业形象。短缺成本与资金的持有量成反比。现金持有量越大，短缺成本越低。

在成本分析模式里，在不考虑转换成本的情况下，企业因持有一定量的现金，产生的机会成本、管理成本和短缺成本三者之和最低时的现金持有量即为最佳现金持有量，如图 5-3 所示。

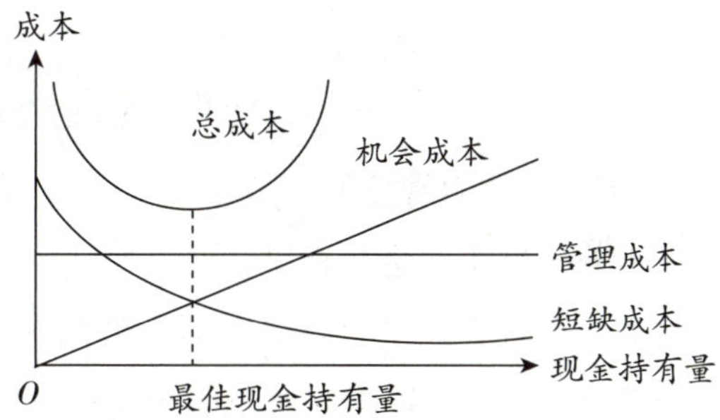

图 5-3　成本分析模式中的最佳现金持有量

该模式下的总成本计算公式是：

持有现金的总成本 = 机会成本+管理成本+短缺成本

【例 5-2】佳佳公司有四种现金持有量方案，它们各自的机会成本、管理成本、短缺成本见表 5-7。

表 5-7　佳佳公司现金持有量方案　　单位：元

项目	方案 A	方案 B	方案 C	方案 D
机会成本	3 500	4 200	3 800	3 100
管理成本	22 000	22 000	22 000	22 000
短缺成本	4 200	35 000	6 000	7 000
现金持有量	20 000	22 000	21 000	24 000

四种方案的持有现金总成本如下：

方案 A 现金总成本＝3 500+22 000+4 200＝29 700（元）

方案 B 现金总成本＝4 200+22 000+35 000＝61 200（元）

方案 C 现金总成本＝3 800+22 000+6 000＝31 800（元）

方案 D 现金总成本＝3 100+22 000+7 000＝32 100（元）

从计算结果来看，现金持有量为 2 万元即采用 A 方案的总成本最低，所以佳佳公司的最佳现金持有量应为 2 万元。

2. 存货模式

存货模式是将现金当作存货，用经济订货批量模型确定最佳现金持有量的分析模式。在存货模式中，不存在现金短缺，只考虑现金的机会成本和转换成本（交易成本），不考虑管理成本和短缺成本，如图 5-4 所示。

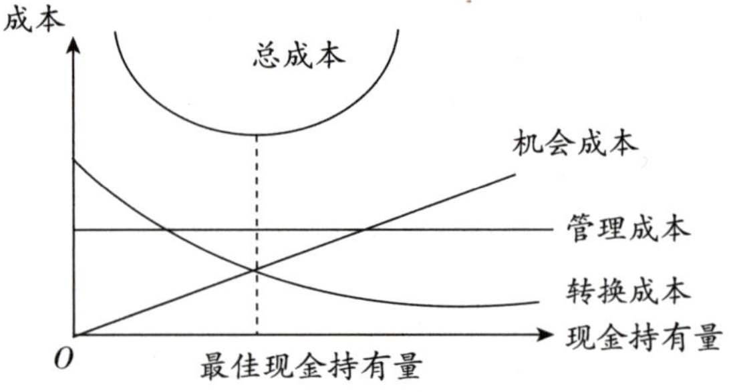

图 5-4　存货模式中的最佳现金持有量

该模式下的总成本计算公式是：

$$TC = C/2 \times K + T/C \times F$$

式中　TC——持有现金的总成本；

C——最佳现金持有量；

K——有价证券的利率（即机会成本率）；

T——一个周期内现金总需求量；

F——每次将有价证券转换为现金的成本。

当机会成本等于转换成本时，总成本最低，即：

$$C/2 \times K = T/C \times F$$

由此可推导出：$C = \sqrt{\dfrac{2 \times F \times T}{K}}$

【例 5-3】佳佳公司现金收支平衡，预计全年（按 360 天计算）现金需要量为 20 万元，现金与有价证券的交易成本为每次 500 元，有价证券年利率为 8%。

$$最佳现金持有量=\sqrt{\frac{2\times500\times200\ 000}{0.08}}=50\ 000（元）$$

全年证券交易次数＝200 000÷50 000＝4（次）

机会成本＝50 000÷2×8%＝2 000（元）

交易成本＝200 000÷50 000×500＝2 000（元）

持有现金的总成本＝2 000+2 000＝4 000（元）

3. 现金周转模式

现金周转模式是按现金周转期确定最佳现金持有量的一种模式。现金周转期是指现金从投入生产经营开始到最终转化为现金的时间段。现金周转速度取决于现金周转期。与现金周转期相关的有存货周转期、应收账款周转期、应付账款周转期。

存货周转期是指从原材料投入生产至产成品实现销售所需要的时间，应收账款周转期是指企业将应收账款转换为现金所需要的时间，应付账款周转期是指企业从收到原材料未付款项到以现金付清欠款所需要的时间。

这三个周转期和现金周转期的关系如图 5-5 所示。

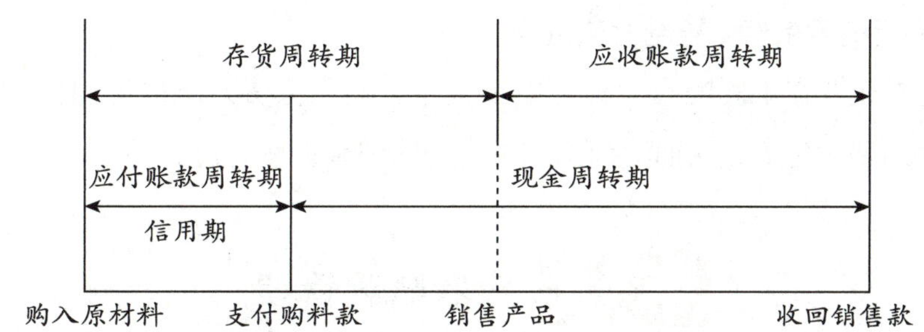

图 5-5　存货周转期、应收账款周转期、应付账款周转期和现金周转期的关系

相关计算公式是：

现金周转期＝存货周转期+应收账款周转期−应付账款周转期

现金周转率＝计算期天数(360 天)÷现金周转期

最佳现金持有量＝预计年现金需求总量÷现金周转率

【例 5-4】佳佳公司预计全年现金需求量为 1 350 万元，预计存货周转期为 90 天，应收账款周转期为 40 天，应付账款周转期为 50 天，该公司最佳现金持有量计算方法如下：

现金周转期＝90+40−50＝80（天）

现金周转率＝360÷80＝4.5

最佳现金持有量＝1 350÷4.5＝300（万元）

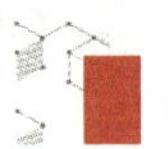

三、现金收支的日常管理

企业为最大限度提高现金的使用效率，应做好以下几方面工作：

1. 编制现金预算，合理调度资金

现金预算是反映企业现金收支计划和流转状况的预算。企业可通过编制现金预算掌握现金收支情况，合理调度资金，保证企业财务处于良好状态。企业也应尽量使现金流入与现金流出发生的时间一致，这样既能减少交易性现金余额及有价证券转换次数，也能使用于日常交易的现金降到最低水平。

2. 利用现金浮游量，节约企业资金

现金浮游量是指企业账户和银行账户之间在存款余额上出现的差额。企业应控制好时间，合理利用现金浮游量，节约企业资金。

3. 减少闲置现金数量，提高回款效率

赊销业务越多，企业被占用的资金就越多。企业一方面要定期做好回款催收工作，按预计的货款回收期或合同约定的收款期向已逾付款期的客户催收货款，另一方面也要及时提醒和解决借款过程中可能存在的问题，以免造成款项长期拖欠，影响企业资金周转。

4. 充分利用信用条件，控制付款进度

控制付款是企业在不影响自己信誉的前提下，利用供货方所提供的信用条件，尽可能地在信用期到期时付款，从而达到增加可利用的现金流量的目的。

第三节 应收账款管理

【情境导入】

佳佳公司李总发现，销售部门为赢得市场，对客户的应收款管理采取了较为宽松的做法。各销售片区经理把销售款项的催收工作交由本区的销售员自行管理，且各销售员无催收计划，想起催款时或者领导推动时才去催收。如果遇到客户回款有困难，有的销售员还自主放宽收账期，部分客户的赊销期甚至长达两年之久。

李总提出，必须在不影响公司目前销售量的前提下，及时收回销售款项。为此，他将在规范应收款管理制度、落实信用政策等方面实施一些新的举措。

一、应收账款的作用

应收账款是企业由于对外销售商品或提供劳务等原因，应该向购货单位或接受劳务的单位收取而未收取的款项。应收账款在企业中具有重要作用，主要包括以下两点。

1. 增加销售，提高竞争力

企业销售产品可以采用现销和赊销两种方式。采用赊销方式不仅向客户销售了产品，也在合约期内向客户提供了资金支持，是促进销售的一种重要手段。企业在销售新产品、开拓新市场时，采用赊销方式会对购买者产生较大的吸引力，对企业巩固市场份额，扩大销量，提高产品市场竞争力具有重要的意义。

2. 减少存货，降低管理成本

赊销可以增加产品销量，减少企业存货数量，加快存货的周转速度，进而可以减少企业存货的管理成本。当企业产成品较多时，更应该采用优惠的信用条件进行销售，及时把存货转为收入，加速资金周转，节约各类支出。

二、应收账款的信用政策

应收账款的成本是企业持有一定量的应收账款所付出的代价，包括应收账款的管理费用、坏账成本、机会成本等。

信用政策指企业为对应收账款进行规划与控制而确立的基本原则和行为规范，它是企业财务政策的一个重要组成部分。信用政策主要包括信用标准、信用期限和现金折扣政策。

1. 信用标准

信用标准指客户获得商业信用所应具备的条件。如果客户达不到信用标准，便不能享受企业的信用优惠或只能享受较低的信用优惠。

信用标准的确定受多方面因素影响，可以通过“5C”（品质、能力、资本、抵押、条件）系统来确定。

（1）品质（character）

品质是指客户的信誉，即履行偿债义务的可能性，它是评价客户信用的首要因素。企业可依据客户过去的付款情况进行评价。

（2）能力（capacity）

能力是指客户的付款能力。企业可通过了解客户的资产结构和数量以及负债比率等指标综合进行判断。

（3）资本（capital）

资本是指客户的经济实力和财务状况。资本是企业偿还债务的保证，可以通过财务比率进行判断。

（4）抵押（collateral）

抵押是指客户为获得信用贷款而抵押给企业的资产。对信用状况有疑义的客户，企业可以收取抵押品，以减少坏账损失。

（5）条件（condition）

条件是指影响客户付款的经济环境，包括金融环境、行业发展水平等。经济环境不

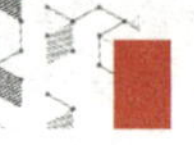

利的情况下，企业要谨慎评估客户的偿债能力。

2. 信用期限

信用期限是企业在赊销商品或劳务时要求客户付清全部账款的期限。例如，某企业采用客户购货后60天内付款的信用政策，信用期限即为60天。一般来说，信用期限过短不足以吸引客户，延长信用期限可刺激销售增长。但盲目放宽信用期限，会造成坏账损失和回款费用增加，影响企业最终利润。企业确定信用期限时，一定要分析改变现行信用期限对收入和成本的双重影响。

【例 5-5】佳佳公司现有的信用期限为 20 天，拟将信用期限放宽至 40 天。假设同等风险投资的必要报酬率为 10%，其他相关数据见表 5-8。现需要判断这一做法是否可行。

表 5-8　佳佳公司信用政策资料

项目	20 天信用期限	40 天信用期限
销售量（件）	247 500	259 200
销售额（元，按 8 元/件计）	1 980 000	2 073 600
变动成本（元，按 6 元/件计）	1 485 000	1 555 200
固定成本（元）	200 000	200 000
息税前利润（元）	295 000	318 400
预计收账费用（元）	20 000	25 000
预计坏账损失（元）	10 000	15 000

计算分析过程如下：

（1）计算边际收益增加额

边际收益增加额＝销售量增加值×(销售单价－单位变动成本)

$$=(259\ 200-247\ 500)\times(8-6)=23\ 400\text{（元）}$$

（2）计算应收账款占用资金的应付利息增加额

应收账款平均余额＝日销售额×平均收账期

应收账款占用资金＝应收账款平均余额×变动成本率

应收账款占用资金应付利息＝应收账款占用资金×资金成本率

$$20\text{ 天信用期限的应付利息}=\frac{1\ 980\ 000}{360}\times20\times\frac{6}{8}\times10\%=8\ 250\text{（元）}$$

$$40\text{ 天信用期限的应付利息}=\frac{2\ 073\ 600}{360}\times40\times\frac{6}{8}\times10\%=17\ 280\text{（元）}$$

应付利息增加额＝17 280－8 250＝9 030（元）

（3）计算收账费用和坏账损失增加额

收账费用增加额＝25 000－20 000＝5 000（元）

坏账损失增加额＝15 000－10 000＝5 000（元）

（4）计算改变信用期限后的息税前利润

息税前利润＝边际收益增加额－成本费用增加额

＝23 400－9 030－5 000－5 000＝4 370（元）

上述计算结果表明，改变信用期限后，收益的增加大于成本费用的增加，故可以采用 40 天的信用期限。

3. 现金折扣政策

现金折扣是企业为了鼓励客户提前偿还账款而给予客户在销售额上的扣减。现金折扣发生在企业销售商品之后，实际上是企业为了尽快回笼资金而发生的理财费用，主要目的是吸引客户为享受优惠而提前付款，缩短企业的平均收账期。

一般来说，企业用“折扣率/付款期限”的形式表示现金折扣。例如，在“2/10，1/20，*n*/30”这个例子中：2/10 表示若客户在 10 天内付款，企业将给予客户 2%的现金折扣；1/20 表示若客户在 20 天内付款，企业将给予 1%的现金折扣；*n*/30 表示企业给予客户的付款期限为 30 天，若客户在 21 天至 30 天付款，将不能享受现金折扣。

【例 5-6】接例 5-5，佳佳公司在放宽信用期限的同时，为吸引客户尽早付款，提出了“0.8/20，0.1/30，*n*/40”的现金折扣条件，预计有 50%的客户会享受 0.8/20 的现金折扣，30%的客户会享受 0.1/30 的现金折扣。对此，佳佳公司需要分析该现金折扣政策的可行性。计算分析过程如下：

（1）计算边际收益增加额

边际收益增加额＝(259 200－247 500)×(8－6)＝23 400（元）

（2）计算机会成本增加额

20 天信用期限的应付利息$=\frac{1\ 980\ 000}{360}\times 20\times\frac{6}{8}\times 10\%=8\ 250$（元）

平均收账期＝20×50%+30×30%+40×20%＝27（天）

40天信用期限的应付利息 $=\frac{2\ 073\ 600}{360}\times 27\times\frac{6}{8}\times 10\%=11\ 664$（元）

应付利息增加额 $=11\ 664-8\ 250=3\ 414$（元）

（3）计算收账费用和坏账损失增加额

收账费用增加额 $=25\ 000-20\ 000=5\ 000$（元）

坏账损失增加额 $=15\ 000-10\ 000=5\ 000$（元）

（4）计算现金折扣成本增加额

现金折扣成本增加额 $=2\ 073\ 600\times 0.8\%\times 50\%+2\ 073\ 600\times 0.1\%\times 30\%=8\ 916.48$（元）

（5）计算提供现金折扣后的息税前利润

息税前利润＝边际收益增加额－成本费用增加额 $=23\ 400-3\ 414-5\ 000-5\ 000-8\ 916.48=1\ 069.52$（元）

上述计算结果表明，执行该现金折扣政策可获得更多收益，故可以采用放宽信用期限并提供现金折扣的方案。

不同的信用政策对财务政策也会产生不同的影响，具体见表5-9。

表5-9　信用政策对财务政策的影响

信用政策项目	对财务政策的影响
信用标准	若信用标准趋于严格，则销售额减少，应收款占用水平降低，机会成本、收账费用和坏账损失减少
信用期限	若信用期限延长，则销售额增加，应收款占用水平提高，机会成本、收账费用和坏账损失增加
现金折扣政策	若现金折扣提高，则减少应收账款占用时间，节约相关成本，同时增加现金折扣损失

三、应收账款的日常管理

应收账款日常管理分为事前控制、事中管理和事后跟踪三个阶段。

在事前控制阶段，企业要建立相对完善的客户档案，制定合适的信用政策，同时将赊销款项回收工作的责任落实到具体部门和个人。

在事中管理阶段，企业要严格执行制定的信用政策，控制不合规赊销行为。

在事后跟踪阶段，企业要建立销售部门、财务部门和客户定期对账的机制，建立坏账准备金制度，做好账龄分析和赊销款项催收工作。

第四节　存货管理

【情境导入】

近一段时期，佳佳公司的库存量上升较快。对此，公司管理层有人提出，应做好零库存下的即需即供，取消仓库，推进按订单生产，有效避免存货贬值。

李总通过市场调研，结合佳佳公司的实际情况，认为公司实行零库存管理不可行。考虑到服装行业的特点，佳佳公司在减少非必要库存方面还是有挖掘潜力的。一份详细的存货管理方案已经在李总脑海中酝酿成形。

一、存货管理的意义

存货是企业日常生产经营活动中持有以备出售的产成品、处在生产过程中的在产品、在生产过程或提供劳务过程中耗用的材料，包括各类材料、在产品、半成品、产成品以及包装物、低值易耗品、委托代销商品、委托加工物资等。存货品种多样，在流动资产中占比较大，且分布于生产经营的各个环节，具有较强的流动性。

企业存货的规模和管理方法一旦出现问题，对企业正常的生产经营活动将产生巨大影响。如果企业存货储备不足，可能发生生产车间被迫停工、销售部门无货可销或延时交货等问题，对企业的信誉和盈利产生不利影响。如果企业存货储备过多，又会过多地占用企业的流动资金，使仓储成本增加。一旦企业产品销售不佳，存货过时或毁损的风险就很高。企业存货管理的意义在于降低库存量，减少资金占用率，避免库存积压或短缺，保证经营活动顺利进行，提高经济效益。

二、存货成本的构成

存货成本最优化管理的目标就是尽可能地控制存货成本，使存货总成本最小。存货成本是存货在订货、购入、储存过程中所发生的各种费用，以及存货短缺造成的经济损失。它主要包括取得成本、储存成本和缺货成本，其中取得成本又分为订货成本和购置成本。

1. 订货成本

订货成本指订购货物所发生的有关费用，包括采购部门费用以及订货过程中产生的交通费、文件处理费、邮寄费等。订货成本可分为变动性订货成本和固定性订货成本，变动性订货成本是与订货次数直接相关的费用，固定性订货成本是维持采购部门正常活动所必需的费用。

2. 购置成本

购置成本指购买货物、取得货物所有权所花费的费用，通常包括货物的价款、运杂费、装卸费、保险费、相关税费等。它主要取决于购货数量和购入单价两个因素。

3. 储存成本

储存成本指在储存过程中所发生的费用，包括仓库房屋折旧费、修理费、保险费和占用资金的利息等。储存成本可分为变动性储存成本和固定性储存成本两部分，其中变动性储存成本是指与储存数量直接相关的费用，固定性储存成本则是维持一定的储存能力所必需的费用。

4. 缺货成本

缺货成本指因未能储存足够存货、无法满足生产经营需要而造成的经济损失，如存货短缺引起的停工损失、少生产产品而损失的边际利润、因延期交货而支付的罚金以及在商誉上的损失等。缺货成本取决于保险储备量，保险储备量越高，缺货的可能性越小，缺货成本越低，反之，则缺货的可能性越大，缺货成本越高。

三、经济订货批量模型

经济订货批量模型又称最佳经济批量模型，是一定时期存货的总成本最小时的每批订货数量。经济订货批量主要应用于外购材料和外购商品。

1. 经济订货批量模型的假设条件

（1）企业一定时期的进货总量可以较为准确地予以计量。

（2）存货的耗用或者销售比较均衡。

（3）存货的价格稳定，且不存在数量折扣，进货日期完全由企业自行决定，企业能够及时补充存货，即需要存货时便可立等可取。

（4）仓储条件及所需现金不受限制。

（5）货物能集中到货而不是陆续入库，不允许出现缺货情形。

（6）所需存货市场供应充足，不会因买不到所需存货而影响其他方面。

2. 最佳经济订货批量的计算

一般来说，在满足以上假设条件的情况下，存货的购置成本和缺货成本都不是与决策相关的成本，相关成本仅包括变动的订货成本和变动的储存成本。只要这两部分成本之和最小，就能保证存货成本最小，相关总成本最小的订货批量即为最佳经济订货批量，如图 5-6 所示。

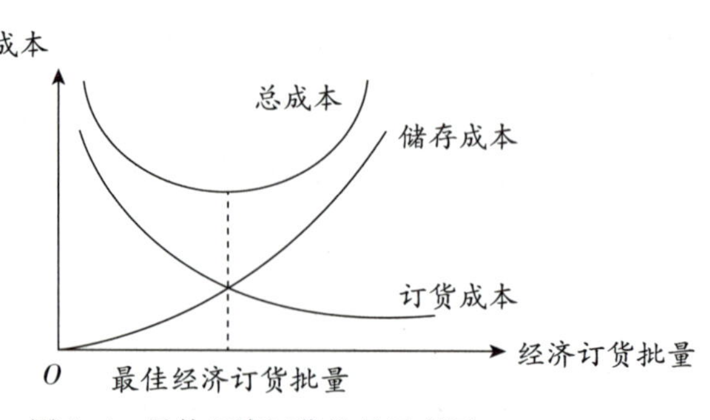

图 5-6　最佳经济订货批量示意图

存货总成本的计算公式是：

$$T=\frac{S}{Q}\times U+\frac{Q}{2}\times P$$

式中 T——存货总成本；

S——存货年需求量；

Q——每次订货的最佳经济订货批量；

U——每次订货成本；

P——单位储存成本。

根据上述公式可以推导出以下公式：

$$Q=\sqrt{\frac{2SU}{P}}$$

$$T=\sqrt{2SUP}$$

$$D=\frac{S}{Q}$$

$$M=\frac{QC}{2}$$

式中 D——全年最佳订货次数；

M——经济批量平均资金占用量；

C——单位采购价格。

【例 5-7】佳佳公司每年需要采购某种服装面料 5 万米，采购单价为 200 元/米，预计每次订货成本是 50 元，单位储存成本为 5 元/米。经济订货批量相关指标计算方法如下：

$$最佳经济订货批量=\sqrt{\frac{2\times 50\ 000\times 50}{5}}=1\ 000（米）$$

$$存货总成本=\sqrt{2\times 50\ 000\times 50\times 5}=5\ 000（元）$$

$$全年最佳订货次数=\frac{50\ 000}{1\ 000}=50（次）$$

$$最佳订货周期=360\div 50=7.2（天）$$

$$经济批量平均资金占用量=\frac{1\ 000\times 200}{2}=100\ 000（元）$$

四、存货的日常管理

企业的存货日常管理主要包括以下内容：

1. 加强存货采购管理

企业要合理利用采购资金，控制采购成本。一方面要确保生产的正常进行，另一方面也要有效控制采购成本，加速资金周转，提高资金的使用效率。

首先，采购部门应依据企业的生产计划并结合即时库存量及安全储备要求，制定出科学合理的最佳经济订货批量。其次，采购部门要规范采购行为，可采用多方询价的方式提高采购的透明度和供应商的参与度，求得物美价廉的物资，同时，对大宗原材料、大型备品备件实行招标采购，杜绝暗箱操作和采购黑洞。

2. 做好实物管理

仓储部门要严格执行实物管理规定，按仓储管理要求，依据采购订单、生产计划明细、销售订单等，认真清点进出库物资。对月末货到而发票未到的存货，及时办理暂估入库手续，做到账、物、卡三者相符。

3. 加强存货的日常管控

仓储部门要根据资产管理要求，对仓储物资采取不定期自盘与定期全盘相结合的方法，加强存货的日常管控，及时发现营运过程中出现的实物错记或漏记等情况。

4. 降低存货库存量

仓储部门要采用 ABC 控制法，降低存货库存量，加速资金周转。一般根据存货的重要程度，将其分为 A、B、C 三类，抓住重点存货，控制一般存货，制订较为合理的存货采购计划，有效控制存货库存量，减少资金占用，加速资金周转。

一般来说，A 类存货品种（如大型备品备件）占全部存货品种的 15%左右，资金占存货总额的 80%左右，对其应实行重点管理。B 类存货（如日常生产消耗用原材料）为一般存货，品种占全部存货品种的 25%左右，资金占存货总额的 15%左右，对其应适当控制，实行日常管理。C 类存货品种（如办公用品、劳保用品）占全部存货品种的 60%左右，资金占存货总额的 5%左右，对其应进行一般管理，随时可以采购。ABC 控制法中存货数量和存货金额占比一般如图 5-7 和图 5-8 所示。

5. 做好存货信息化管理

企业要采用先进的管理工具，如 ERP 系统、供应链管理系统等，使人、财、物、产、供、销各方面数据合理汇总、便于分析，最大限度地堵塞漏洞，降低库存。

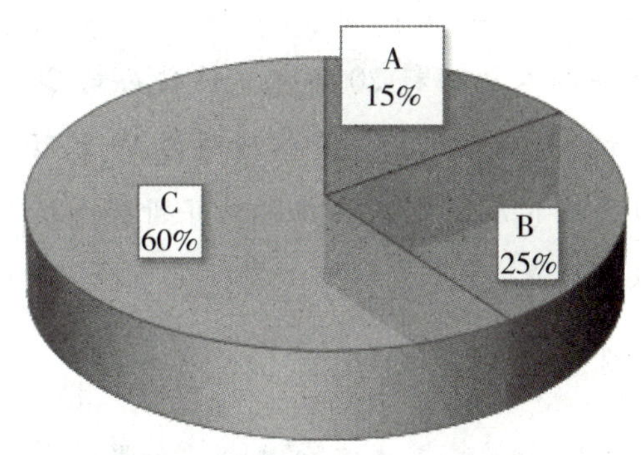

图 5-7 ABC 控制法中存货数量占比

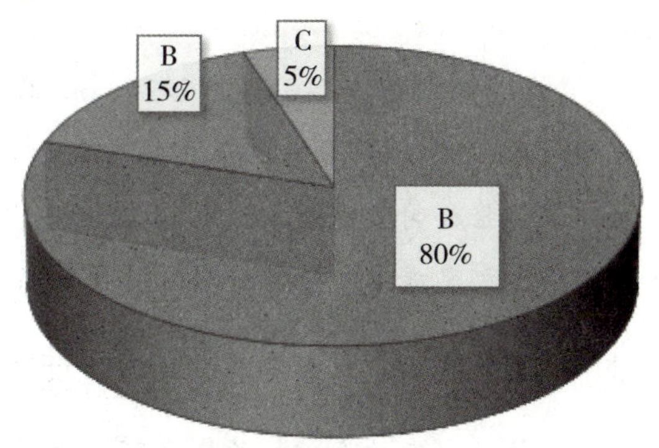

图 5-8 ABC 控制法中存货金额占比

第五节 流动负债管理

【情境导入】

佳佳公司会计人员将公司 2021 年度资产负债表（简表）提交给了李总。李总看完该报表，认为佳佳公司应该进一步加强流动负债管理，总体把握企业负债比率，最大限度地用好借来的钱。

流动负债与流动资产密切相关，通过对二者的比较可以大致了解企业的短期偿债能力和清算能力。一般来说，利用流动负债融资具有速度快、灵活性强、融资成本低、融资风险高的特点。

一、流动负债的成本

1. 商业信用成本

（1）应付账款

应付账款是指企业因购买货物未付款而形成的对供货方的欠账。应付账款占用企业信用资源，信用资源包括免费信用、代价信用和展期信用。其中免费信用是买方企业在规定的折扣期限内获得的信用，代价信用指企业需要付出一定代价而获得的信用，展期信用指买方企业因超过规定的信用期限推迟付款而获得的信用。

企业购买货物后在卖方规定的折扣期限内付款，便可以享受免费信用，这种情况下企业没有因为享受信用而付出代价，相应便产生放弃现金折扣成本率或机会成本率，其计算公式是：

$$\text{放弃现金折扣成本率}=\frac{\text{现金折扣率}}{1-\text{现金折扣率}}\times\frac{360}{\text{信用期限}-\text{折扣期限}}$$

放弃现金折扣的成本率与现金折扣率的大小、折扣期限的长短同方向变化，与信用期限的长短反方向变化。

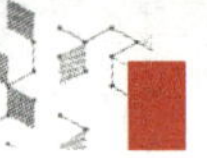

【例 5-8】佳佳公司按"2/20，$n/60$"的条件购入原材料 20 万元。佳佳公司 20 天内付款，可获得 20 天的免费信用期，并获得折扣 0.4 万元，免费信用额为 19.6 万元。若佳佳公司放弃折扣，在 20 天后不超过 60 天内付款，则应承担因放弃折扣而造成的隐含利息成本。佳佳公司放弃现金折扣的成本率是：

$$放弃现金折扣成本率=\frac{2\%}{1-2\%}\times\frac{360}{60-20}\approx 18.37\%$$

佳佳公司在放弃折扣的情况下，推迟付款的时间越长，其成本会越小。如果佳佳公司延至 90 天付款，其放弃现金折扣所承担的成本为：

$$放弃现金折扣成本率=\frac{2\%}{1-2\%}\times\frac{360}{90-20}\approx 10.5\%$$

【例 5-9】佳佳公司拟采购一批面料，有以下四种商业信用条件可供选择：一是"2/10，$n/30$"，二是"2/10，$n/60$"，三是"1/10，$n/30$"，四是"1/10，$n/60$"。假设银行贷款年利率为 8%，佳佳公司需要选择最优的付款方式。

$$第一种信用条件下，放弃现金折扣成本率=\frac{2\%}{1-2\%}\times\frac{360}{30-10}\approx 36.73\%$$

$$第二种信用条件下，放弃现金折扣成本率=\frac{2\%}{1-2\%}\times\frac{360}{60-10}\approx 14.69\%$$

$$第三种信用条件下，放弃现金折扣成本率=\frac{1\%}{1-1\%}\times\frac{360}{30-10}\approx 18.18\%$$

$$第四种信用条件下，放弃现金折扣成本率=\frac{1\%}{1-1\%}\times\frac{360}{60-10}\approx 7.27\%$$

因银行贷款年利率（市场机会成本率）为 8%，所以当放弃现金折扣成本率大于 8%时，不应该放弃现金折扣。据此判断，在第四种信用条件下，佳佳公司才应该放弃现金折扣。

（2）应付票据

应付票据是由出票人出票，委托付款人在指定日期无条件向收款人或持票人支付确定金额的票据。应付票据也是委托付款人允诺在一定时期内支付一定金额款项的书面证明。商业汇票的承兑期限一般不超过 6 个月。无论是带息的票据还是不带息的票据，核算时一般均以面值对应付票据进行计价。应付票据的利率一般比银行借款利率低，且没有补偿余额，合理使用应付票据可以降低企业的资金成本。

（3）预收款项

预收款项是以买卖双方协议或合同为依据，由购货方预先支付一部分（或全部）货款给供应方而发生的一项负债。预收款项相当于卖方向买方借用资金后用货物抵偿，可以缓解供货企业的资金需求压力。

2. 短期借款成本

短期借款是企业为维持正常的生产经营所需的资金或为抵偿某项债务而向银行或其他金融机构等单位借入的，还款期限在一年以下（含一年）的各种借款。企业为取得借款须支付一定金额的利息，它是企业筹资活动中发生的一项耗费。企业支付贷款利息的具体方法如下：

（1）收款法

收款法是在借款到账后再向银行支付利息的方法。银行向企业发放的贷款大都采用这种方法收息。

（2）贴现法

贴现法是银行向企业发放贷款时，先从本金中扣除利息部分，而到期时借款企业则要偿还贷款全部本金的一种方法。采用这种方法时，企业可使用的贷款额只有本金减去利息部分后的差额，因此贷款的实际利率高于名义利率。

【例 5-10】佳佳公司从银行贷款 100 万元，期限为 1 年，年利率（名义利率）为 6%，利息额为 6 万元，按贴现法付息。公司实际可使用的贷款额为 94 万元，该项贷款的实际利率（有效年利率）为：

$$贷款实际利率=\frac{6}{94}\times100\%\approx6.38\%$$

（3）加息法

加息法是企业分期等额偿还贷款时采用的利息支付方法。在分期等额偿还贷款的情况下，银行将根据名义利率计算的利息加上贷款本金，计算出贷款的本息和，要求企业在贷款期内分期偿还本息之和的款项。由于贷款分期均衡偿还，借款企业实际上只平均使用了贷款本金的半数，却支付全额利息。这种情况下企业所负担的实际利率会高于名义利率。在加息法下，实际利率的计算公式为：

$$实际利率=利息\div(实得资金数\div2)$$

【例 5-11】佳佳公司从银行借入 100 万元，年利率为 6%，分 12 个月等额偿还本息。该笔贷款的实际利率为：

$$贷款实际利率=\frac{100\times6\%}{100\div2}=12\%$$

二、流动负债的日常管理

企业应充分利用商业信用融资，减少资金成本。商业信用融资是一种自然性融资，伴随商品交易自然产生，不需要特殊手续，资金成本小。

同时，企业还要选择最有利于企业的融资机构，尽可能节约资金成本。选择对外融资时，除了要考虑适宜的借款种类、借款成本和借款条件外，还应考虑下列有关因素：

1. 银行对贷款风险的政策

通常银行对其贷款风险有着不同的政策。有的倾向于保守，只愿承担较小的贷款风险；有的偏向进取，敢于承担较大的贷款风险。

2. 银行对企业的态度

企业应尽量选择肯积极为企业提供建议的银行，他们常常帮助企业分析潜在的财务问题，乐于为具有发展潜力的企业发放大量贷款，在企业遇到困难时愿意帮助企业渡过难关。

3. 融资的专业化程度

每家银行的融资产品都不一样，企业应多方面了解银行产品，熟悉相关政策，做出最优选择。

4. 银行的稳定性

稳定的银行可以保证企业的借款不会中途发生变故。一般来讲，资本雄厚、存款水平波动小、定期存款比重大的银行稳定性好，反之稳定性较差。

思考与练习

一、计算分析题

1. 某公司全年销售额为 3 600 万元（一年按 360 天计算），信用政策是“1/20，n/30”，平均有 50%的顾客（按销售额计算）享受现金折扣优惠，没有顾客逾期付款。该公司应收账款的年平均余额是多少？

2. 某公司每年耗用原材料 7 200 千克，该原材料单位成本 5 元/千克，单位储存成本 2 元/千克，单次订货成本 20 元，一年按照 360 天计算，该公司最佳经济订货批量与订货次数分别是多少？

3. 某公司以“2/10，*n*/30”的信用条件购进一批原材料，由于资金紧张，只能在第 50 天付款，该公司放弃现金折扣的成本率是多少？

二、案例分析题

佳佳公司近年来采取较宽松的信用政策，因而销售量有所增加，但坏账损失也随之上升。该公司近 3 年信用条件及收账情况见表 5-10。公司变动成本率为 70%，资金成本率（有价证券利率）为 8%。公司收账政策不变，固定成本总额不变。

表 5-10 佳佳公司近 3 年信用条件及收账情况 单位：万元

项目	第 1 年（*n*/30）	第 2 年（*n*/60）	第 3 年（*n*/90）
年赊销额	2 600	2 800	3 200
坏账损失	26	56	128
收账费用	42	54	68

注：佳佳公司采用按年赊销额百分比法估计坏账损失。

第 3 年时，为了加速应收账款的回收，公司决定将赊销条件改为“2/10，1/20，*n*/60”。估计有 70%的客户（按赊销额计算）会利用 2%的折扣，15%的客户会利用 1%的折扣。估计坏账损失率降为 2%，收账费用降为 30 万元。

佳佳公司采用宽松的信用政策是否可行？信用条件变化后公司收益情况会如何变化？

第六章
成本管理

学习目标

1. 熟悉成本管理的主要内容。
2. 掌握标准成本的制定方法。
3. 掌握本量利分析模型。

成本管理是指企业生产经营过程中对成本进行规划、核算、分析、控制、考核等一系列科学管理行为的总称。它的目的是充分组织企业全体人员，对生产经营过程的各个环节进行科学合理的管理，力求以最少的生产耗费取得最多的生产成果。

成本管理中主要使用标准成本法和本量利分析法。

思维导图

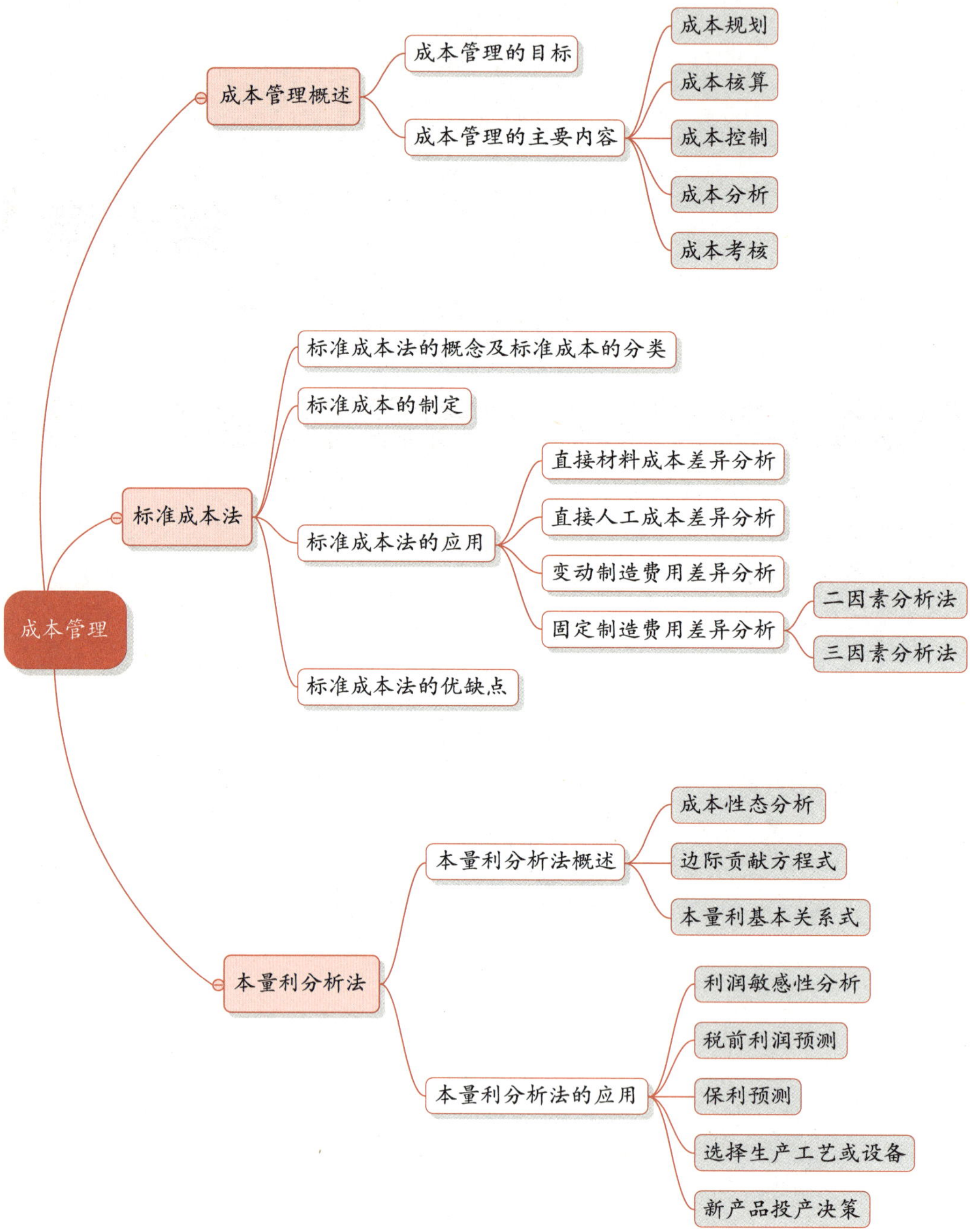

- 成本管理
  - 成本管理概述
    - 成本管理的目标
    - 成本管理的主要内容
      - 成本规划
      - 成本核算
      - 成本控制
      - 成本分析
      - 成本考核
  - 标准成本法
    - 标准成本法的概念及标准成本的分类
    - 标准成本的制定
    - 标准成本法的应用
      - 直接材料成本差异分析
      - 直接人工成本差异分析
      - 变动制造费用差异分析
      - 固定制造费用差异分析
        - 二因素分析法
        - 三因素分析法
    - 标准成本法的优缺点
  - 本量利分析法
    - 本量利分析法概述
      - 成本性态分析
      - 边际贡献方程式
      - 本量利基本关系式
    - 本量利分析法的应用
      - 利润敏感性分析
      - 税前利润预测
      - 保利预测
      - 选择生产工艺或设备
      - 新产品投产决策

第一节　成本管理概述

【情境导入】

一直以来，佳佳公司都非常重视并积极开展降本增效工作，将降本增效作为公司的重点工作任务，公司每月定期召开成本专题会议。一次，李总在月度成本工作汇报中提出，要进一步加强企业各环节的精细化管理，树立全员参与成本管理的理念。

会议要求做好降本增效工作，提出了三项措施：一是明确目标，减少目标不明确的任务，缩减非必要成本支出；二是成本核算精细化，划分固定成本、变动成本、半变动成本细目，将成本分解到各部门，在公司定期的成本分析会上相关部门对成本超支部分应作出具体说明；三是提升全员成本管理意识，将成本指标纳入个人的绩效考核中，奖罚分明，做好权责利的统一。

会后，李总对成本会计小陈布置了工作任务，要求小陈在生产一线蹲点一段时间，对公司服装生产过程中隐藏的损失成本进行分析并提出具体改善措施。一周后，小陈提交了初步成本分析报告，报告部分内容（成本分析表）见表 6-1。

表 6-1　成本分析表

项目	内容	生产管理控制措施
质量损失成本	布料变形、缺料、勾纱、色差等	（1）控制重点：设计、生产、质量监控、采购管理、物流管理 （2）制定直接材料的标准，制定直接人工的标准成本和标准人工小时，制定间接（制造）费用的标准成本，加强标准化作业 （3）加强对人工成本和间接费用的控制，将其纳入各级别绩效考核 （4）加强新产品开发设计成本控制
效率损失成本	待机、停机、低效工序、延期交付、无效劳动、返工、废单	
安全损失成本	安全事故	
环境破坏成本	噪声污染、水污染	
资金占用成本	过量生产、过量库存、账期过长	

一、成本管理的目标

从成本管理活动所涉及的层面来看，成本管理目标可以分为总体目标和具体目标两个层面。

1. 总体目标

成本管理的总体目标服从于企业的整体经营目标。在竞争性经济环境中，成本管理

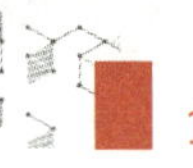

的总体目标主要依据企业的竞争战略而定。在实施成本领先战略的企业中，成本管理的总体目标是追求成本水平的绝对降低；在实施差异化战略的企业中，成本管理的总体目标则是在保证实现产品、服务等方面差异化的前提下，实现成本的持续降低。

2. 具体目标

成本管理的具体目标是对总体目标的进一步细分，主要包括成本计算的目标和成本控制的目标。成本管理要求财务部门为所有内、外部信息使用者提供成本信息。

外部信息使用者主要关注企业资产价值和盈亏情况。因此，成本计算的目标之一是确定存货等资产的价值和企业经营成果，即按照会计制度的规定计算成本，满足财务报表的需要。内部信息使用者主要关注企业产品成本信息，除了了解资产价值及盈亏情况外，重点在于如何更好地组织企业的生产经营管理。

此外，成本计算的目标还包括：通过向各级管理人员提供成本信息，提高人们的成本意识；通过成本差异分析评价管理人员的业绩，促使管理人员采取改善措施；采用盈亏平衡分析等方法，提供成本管理信息，有效满足现代经营决策对成本信息的需求。

成本控制的目标是降低成本水平。在成本管理的发展过程中，成本控制目标经历了通过提高工作效率和减少浪费降低成本、通过提高成本效益比降低成本和通过保持竞争优势降低成本等几个阶段。在竞争性经济环境中，成本控制目标因企业竞争战略的不同而存在差异。

在实施成本领先战略的企业中，成本控制的目标是在保证一定产品质量和服务的前提下，最大限度地降低企业内部成本，表现为对生产成本和经营费用的控制。在实施差异化战略的企业中，成本控制的目标则是在保证企业实现差异化战略的前提下，降低产品生命周期成本，实现持续性的成本节省，表现为对产品在生命周期不同阶段发生的成本的控制，如对研发成本、供应商成本和消费成本等的控制。

二、成本管理的主要内容

一般来说，成本管理具体包括成本规划、成本核算、成本控制、成本分析和成本考核五项内容，如图 6-1 所示。

1. 成本规划

成本规划是进行成本管理的第一步，主要是指制定成本管理的战略。它从总体上规划成本管理工作，并为具体的成本管理提供战略思路和总体要求。成本规划根据企业的竞争战略和所处的内外部环境制定，主要包括确定成本管理的重点，规划控制成本的战略途径，提出成本计算的精度，以及确定业绩评价的目的和标准。

图 6-1　成本管理的主要内容

成本规划是企业发展的重要影响因素。企业进行成本规划时，不仅要洞悉质量和成本的关系，深入探讨各种质量特性发生变化时，成本应该如何进行相应变化，还要立足于生产者和消费者双方，对其经济性做出恰当评价，并在充分分析过去老产品的基础上，制定出更适合新形势、新产品的成本管理战略。

2. 成本核算

成本核算是成本管理的基础环节，是指对生产费用发生和产品成本形成所进行的会计核算，它是成本分析和成本控制的信息基础。进行成本核算时，首先，要审核生产经营管理费用，看其是否已发生，是否应该发生，已发生的是否应计入产品成本，从而实现对生产经营管理费用和产品成本的直接管理和控制；其次，要对已发生的费用按照用途进行分配和归集，计算各种产品的总成本和单位成本，为成本管理提供真实的成本资料。

成本核算分为财务成本核算和管理成本核算。财务成本核算采用历史成本计量，而管理成本核算既可以用历史成本计量，又可以用现在成本或未来成本计量。成本核算的关键是核算方法的选择。财务成本核算方法包括品种法等基本方法和其他一些辅助方法，企业可以灵活选择。管理成本核算可以直接利用财务成本核算的结果，或者选择变动成本法、作业成本法等方法单独核算。

3. 成本控制

成本控制是成本管理的核心，是指企业采取经济、技术、组织等方面的手段降低成本或改善成本的一系列活动。成本控制的关键是选取适用于本企业的成本控制方法，它决定着成本控制的效果。传统的成本控制基本上采用经济手段，通过对实际成本与标准成本之间的差异进行分析来实施，相关方法有标准成本法等。现代成本控制则突破了经济手段的限制，还使用了包括技术手段和组织手段在内的所有可能的控制手段，相关方法有作业成本法、责任成本法等。

成本控制的原则主要有以下三项：

（1）全面控制原则

全面控制原则即成本控制要全部、全员、全程控制。全部控制是指要对产品生产的全部费用加以控制。全员控制是指要发动全体员工树立成本意识，参与成本控制。全程控制是指要对产品设计、制造、销售的全流程进行控制。

（2）经济效益原则

提高经济效益不单单是依靠降低成本的绝对数，更重要的是实现相对的节约，以较少的消耗取得更多的成果，取得最佳的经济效益。

（3）例外管理原则

例外管理原则即成本控制要将注意力集中在不同寻常的情况上。因为实际发生的费用往往与预算有出入，也就没有必要一一查明原因，而只需要把注意力集中在非正常的例外事项上，并及时进行信息反馈。

4. 成本分析

成本分析是成本管理的重要组成部分，是指利用成本核算，结合有关计划、预算和技术资料，运用一定的方法对影响成本升降的各种因素进行科学的分析和比较，了解成本变动情况，系统地研究成本变动的因素和原因。通过成本分析，企业可以深入了解成本变动的规律，寻求成本降低的途径，为有关人员进行成本规划和经营决策提供参考依据。

成本分析的方法主要有对比分析法、连环替代法和相关分析法。对比分析法是对成本指标在不同时期（或不同情况）的数据进行对比以揭露矛盾的方法，具体包括绝对数比较、增减数比较和指数比较三种形式。连环替代法是确定引起某经济指标变动的各个因素影响程度的一种方法，适用于几个相互联系的因素共同影响某一指标的情况。相关分析法主要利用数学方法对具有依存关系的各种指标进行相关分析，从而找出有关指标之间的规律性联系。

5. 成本考核

成本考核是指定期对成本计划及有关指标实际完成情况进行总结和评价，对成本控制的效果进行评估。其目的在于改进原有的成本控制活动并激励或约束员工和团体的行为，促使其更好地履行经济责任，提高企业成本管理水平。

成本考核的关键是评价指标体系的选择以及评价结果与约束激励机制的衔接。考核指标可以是财务指标，也可以是非财务指标。例如，实施成本领先战略的企业应主要选用财务指标，而实施差异化战略的企业则大多选用非财务指标。

上述五项活动中，成本分析贯穿于成本管理的全过程，成本规划在战略上对成本核算、成本控制、成本分析和成本考核进行指导。成本规划的变动是企业外部经济环境和企业内部竞争战略变动的结果，而成本核算、成本控制、成本分析和成本考核则通过成本信息的流动互相联系。

第二节 标准成本法

【情境导入】

小陈在生产一线经过一段时间的实地考察，制定了一套以标准成本法为基础的成本管理方案，其主要内容如下：

1. 制定与修订成本标准

成本标准是针对明细产品（产品大类+材质+规格）在各成本中心制定的，分为消耗标准和价格标准。制定和修订标准由公司的成本管理中心负责，制定标准时工程技术人

员、生产人员、财务人员共同参与。

2. 揭示、分析及处理成本差异

建立差异处理计算机系统，揭示生产部门和辅助部门的消耗差异和价格差异。差异揭示出来后，分析差异产生的原因，进而提出改进的措施。对于成本差异，一是对差异进行归集，财务人员按成本明细科目归集各项成本的差异发生额；二是对差异进行分配，可以将产量、实际消耗、标准成本作为依据加权平均分配，将自制半成品差异在制成品与在制品之间按消耗量加权平均分配。

小陈的成本管理方案能否顺利获得认可，并在公司推广实施呢？

一、标准成本法的概念及标准成本的分类

1. 标准成本法的概念

标准成本法是指企业以预先制定的标准成本为基础，通过比较标准成本与实际成本，计算和分析成本差异，揭示成本差异原因，进而实施成本控制、评价经营业绩的一种成本管理方法。它是应用最为广泛和有效的一种成本控制方法，也称标准成本控制法或标准成本会计。

标准成本是指在正常的生产技术水平和有效的经营管理条件下，企业经过努力应达到的产品成本水平。

标准成本控制包括事前控制、事中控制和事后控制。事前控制主要是制定标准成本，作为成本控制的依据。事中控制是对标准定额的现场控制，要对各种差异进行记录和分析。对于那些不正常的差异，即超过控制范围的差异，要深入分析其产生的原因并实施控制管理。事后控制是会计部门对所记录的差异分析表进行汇总，根据可控和不可控的性质明确造成差异的责任，并计算产品的实际成本。

2. 标准成本的分类

标准成本是在生产经营效率良好的条件下，使用科学方法估计的，应当发生的目标成本，它可以作为评价实际业绩的尺度。标准成本的分类见表 6-2。

表 6-2　标准成本的分类

分类依据	种类	概念	说明
适用期	基本标准成本	按照正常的耗用水平、正常的价格和正常的生产经营能力利用程度制定的标准成本	基本标准成本一经制定，除非生产的基本条件发生重大变化，否则不变动 由于现代技术更新快，实际中很少采用，不宜直接用来评价工作效率和成本控制的有效性
	现行标准成本	按照企业最可能发生的生产要素耗用量、生产要素价格和生产经营能力利用程度制定的标准成本	将基本标准成本加以修正后得到。它既可以作为评价实际成本的依据，也可以用来对存货和销货成本进行计价

续表

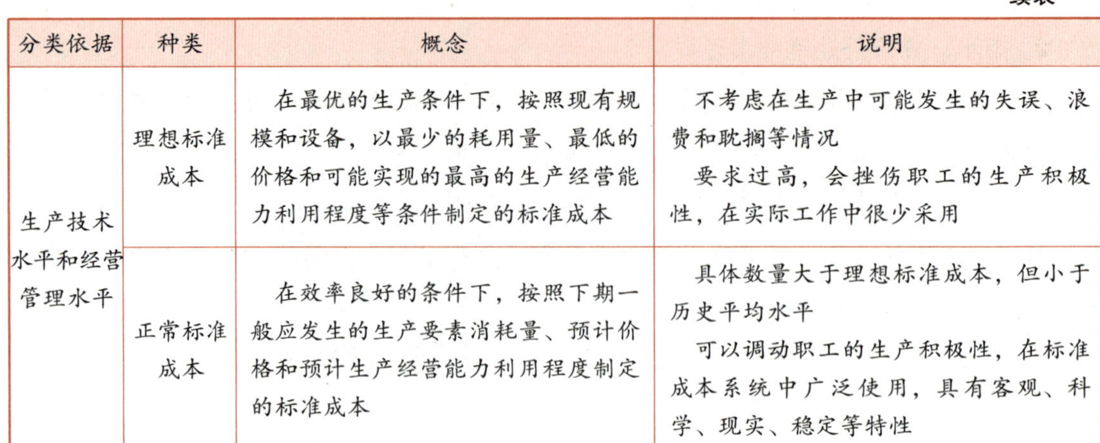

分类依据	种类	概念	说明
生产技术水平和经营管理水平	理想标准成本	在最优的生产条件下，按照现有规模和设备，以最少的耗用量、最低的价格和可能实现的最高的生产经营能力利用程度等条件制定的标准成本	不考虑在生产中可能发生的失误、浪费和耽搁等情况 要求过高，会挫伤职工的生产积极性，在实际工作中很少采用
	正常标准成本	在效率良好的条件下，按照下期一般应发生的生产要素消耗量、预计价格和预计生产经营能力利用程度制定的标准成本	具体数量大于理想标准成本，但小于历史平均水平 可以调动职工的生产积极性，在标准成本系统中广泛使用，具有客观、科学、现实、稳定等特性

二、标准成本的制定

标准成本由直接材料标准成本、直接人工标准成本和制造费用标准成本构成。制定每个成本项目的标准成本时，都需要分别确定其用量标准和价格标准。

单位产品的标准成本制定应分别根据直接材料和直接人工的数量标准、材料的价格标准、人工工资率标准和制造费用分配率标准进行计算，按成本构成要素逐项确定，具体见表6-3。

表6-3　标准成本制定表

项目	用量标准	价格标准
直接材料	单位产品材料耗用量	材料价格
直接人工	单位产品直接人工工时	小时工资率
制造费用	单位产品直接人工工时（或台时）	小时制造费用分配率

标准成本的计算公式是：

$$标准成本=用量标准\times价格标准$$

标准成本中的用量标准主要由生产技术部门主持制定，吸收执行标准的部门和员工参与。价格标准由会计部门和其他有关部门共同研究制定。采购部门是材料价格的责任部门，人力资源部门和有关生产部门对小时工资率负有责任，各生产车间对小时制造费用分配率负有责任，这些部门在制定有关价格标准时要做好协调。

制造费用标准成本分为变动制造费用标准成本和固定制造费用标准成本两部分。变动制造费用的用量标准与固定制造费用的用量标准相同，包括直接人工工时、机器工时、其他用量标准等，并且两者要保持一致，以便进行差异分析。对于制造费用而言，无论是价格标准还是用量标准，都可以是理想状态或正常状态，据此得出理想的标准成本或正常的标准成本。制造费用标准成本结构如图6-2所示。

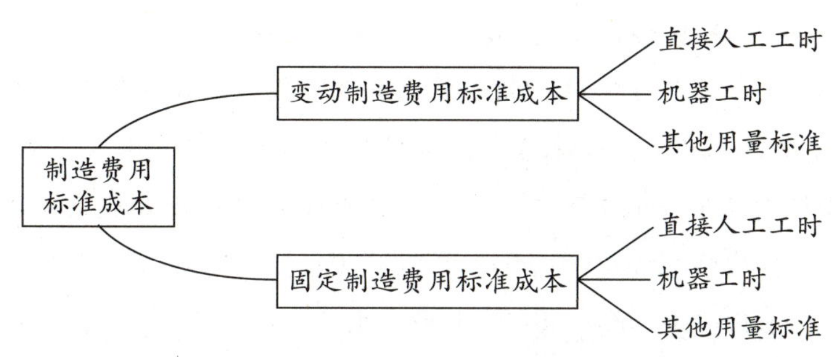

图 6-2　制造费用标准成本结构

三、标准成本法的应用

从标准成本的制定过程可以看出，任何一项费用的标准成本都是由用量标准和价格标准两个因素决定的。成本差异是指实际成本与相应标准成本之间的差额。当实际成本高于标准成本时，形成超支差异；当实际成本低于标准成本时，形成节约差异。差异分析需要从数量差异和价格差异两方面进行，其计算公式是：

成本差异＝实际成本－标准成本

＝实际数量×实际价格－标准数量×标准价格

＝实际数量×实际价格－实际数量×标准价格＋实际数量×标准价格－标准数量×标准价格

＝实际数量×（实际价格－标准价格）＋（实际数量－标准数量）×标准价格

＝价格差异＋数量差异

成本差异有关变量之间的关系如图 6-3 所示。

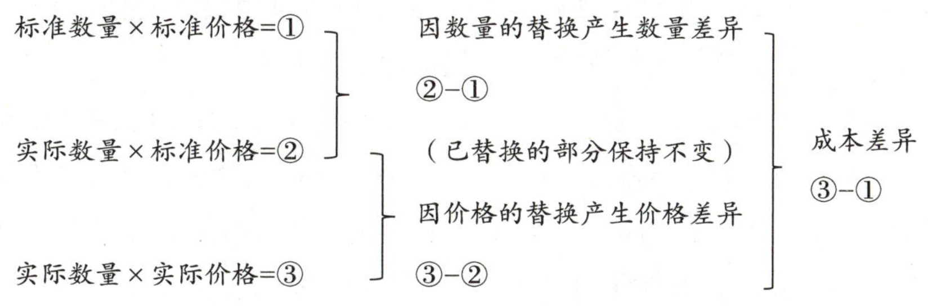

图 6-3　成本差异变量关系图

1. 直接材料成本差异分析

直接材料成本差异是直接材料的实际成本与实际产量下标准成本之间的差异，其计算公式是：

直接材料成本差异＝直接材料实际成本－直接材料标准成本

＝直接材料数量差异＋直接材料价格差异

直接材料数量差异＝（实际数量－标准数量）×标准价格

直接材料价格差异＝实际数量×（实际价格－标准价格）

【例 6-1】佳佳公司本月生产 A 款服装产品 500 件，共投入甲布料 1 600 米，甲布料实际采购单价为 56 元/米。每件 A 款产品计划耗用甲布料 3 米，甲布料标准成本为 50 元/米，即每件产品标准成本为 150 元。A 款产品直接材料成本差异计算方法如下：

标准数量×标准价格＝500×(3×50)＝75 000（元） ①

实际数量×标准价格＝1 600×50＝80 000（元） ②

直接材料数量差异＝②－①＝80 000－75 000＝5 000（元）

实际数量×实际价格＝1 600×56＝89 600（元） ③

直接材料价格差异＝③－②＝89 600－80 000＝9 600（元）

方法一：直接材料成本差异＝③－①＝89 600－75 000＝14 600（元）

方法二：直接材料成本差异＝直接材料数量差异＋直接材料价格差异

＝5 000＋9 600＝14 600（元）

从计算结果可知，在实际产量下，直接材料的实际成本比标准成本要多 14 600 元。这一差异主要表现为，一是直接材料在数量上的实际耗用比标准多了 5 000 元，二是直接材料在采购上的实际支出比标准超支了 9 600 元。

一般来说，形成材料数量差异的原因主要有：材料质量差，废料过多；产品设计或工艺变更后用料标准未能及时调整；因生产工人技术不熟练或不认真产生废品、废料；机器设备效率变动使材料耗用量发生变化；材料的安全保管工作较差。材料数量差异多由企业内部可控因素引起，主要由生产部门负责，但有时也会由其他部门负责。例如，由材料质量低劣而引起的耗用量增加，则由采购部门负责。

形成材料价格差异的原因主要有：材料市场价格发生变动；材料采购计划编制不准确；未按经济批量购进材料；运输安排不当，增加了材料运输成本或途中损耗；没有在折扣期限内及时付款，失去信用优惠。材料价格差异一般由采购部门负责。因生产原因引起的材料价格差异主要由生产部门负责，如生产经营中的临时紧急进货，使买价和运输成本上升。在分析价格差异时，还应注意区别主观因素和客观因素，根据具体情况对主、客观因素进行重点分析研究。

2. 直接人工成本差异分析

直接人工成本差异是直接人工的实际成本与实际产量下标准成本之间的差异，其计算公式是：

直接人工成本差异＝直接人工实际成本－直接人工标准成本

＝直接人工效率差异＋直接人工工资率差异

直接人工效率差异＝(实际工时－标准工时)×标准工资率

直接人工工资率差异=实际工时×(实际工资率-标准工资率)

直接人工效率差异即直接人工的数量差异（量差），是按实际工时和标准工资率计算的人工成本与标准人工成本之间的差额。直接人工工资率差异即直接人工的价格差异（价差），是实际人工成本与按实际工时和标准工资率计算的人工成本之间的差额。

【例 6-2】佳佳公司本月生产服装 400 件，实际使用工时 880 小时，支付工资 15 840 元，即每件产品实际工时为 2.2 小时，每小时工资 18 元。直接人工的标准成本是 38 元/件，每件产品标准工时为 2 小时，标准工资率为 19 元/小时。其直接人工成本差异计算方法如下：

标准数量×标准价格=400×(2×19)= 15 200（元）　①

实际数量×标准价格=400×[(880÷400)×19]=16 720（元）　②

直接人工效率差异（量差）=②-①=16 720-15 200=1 520（元）

实际数量×实际价格=400×2.2×18=15 840（元）　③

直接人工工资率差异（价差）=③-②=15 840-16 720=-880（元）

方法一：直接人工成本差异=③-①=15 840-15 200=640（元）

方法二：直接人工成本差异=直接人工效率差异+直接人工工资率差异

=1 520+(-880)= 640（元）

从计算结果可知，在实际产量下，直接人工的实际成本比标准成本要多 640 元。这 640 元的差异主要表现为，一是直接人工效率在数量上的实际耗用比标准超支了 1 520 元，二是直接人工每小时的工资支出比标准节约了 880 元。二者合计超支 640 元。

形成直接人工效率差异的主要原因有：生产工人技术不熟练，未能在标准工时内完成任务；设备发生故障，停产等待修理，浪费工时；生产工艺变更后未能及时修订标准；生产计划安排不当，造成“窝工”；材料供应不及时，造成停工待料，浪费工时；材料质量低劣，使加工时间延长。这些问题大多需要纠正控制，直接人工效率差异主要应由生产部门负责，但材料供应不及时或生产工艺变化等引起的差异，应主要由采购及相关部门负责。因此，在分析直接人工效率差异时，对承担不同责任的部门，应分别考核与评价。

直接人工工资率通常较少变动，因为企业的工资标准都是按照劳动合同规定的工资率支付的，除了修订劳动合同之外，一般不会导致工资率出现差异。但在具体安排工作时，也会由于某种原因造成工资率出现差异，由此而产生的责任应由人力资源管理部门或生产部门承担。例如，高工资工人做低工资工人的工作，季节性或临时性生产增发工

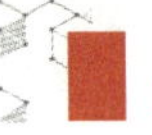

资，出勤率发生变化。除此之外，工资计算方法变更，原工资标准未随工资变动而及时调整等，都会造成工资率出现差异。导致工资率出现差异的原因实际上很难控制，在分析工资率差异时，应针对具体情况进行评价说明，并与各部门的工作范围及责任相结合。

3. 变动制造费用差异分析

变动制造费用差异是指实际发生的变动制造费用与实际产量下标准变动制造费用之间的差异，它可以分为效率差异和耗费差异两部分。变动制造费用效率差异即变动制造费用的用量差异，是因实际耗用工时偏离标准而产生的成本差异。变动制造费用耗费差异即变动制造费用的价格差异，它是因变动制造费用实际耗费偏离标准而产生的成本差异，也称变动制造费用分配率差异。变动制造费用效率差异即变动制造费用的数量差异，变动制造费用耗费差异即变动制造费用的价格差异。相关的计算公式是：

变动制造费用差异＝实际变动制造费用－标准变动制造费用

＝变动制造费用效率差异＋变动制造费用耗费差异

变动制造费用效率差异＝(实际工时－标准工时)×变动制造费用标准分配率

变动制造费用耗费差异＝实际工时×(变动制造费用实际分配率－变动制造费用标准分配率)

【例 6-3】佳佳公司本月实际产量为 400 件，使用工时 880 小时，实际发生变动制造费用 4 400 元，即每件产品实际工时为 2.2 小时，每小时变动制造费用为 5 元。标准变动制造费用为 12 元/件，每件产品标准工时为 2 小时，标准的变动制造费用分配率为 6 元/小时。其变动制造费用差异的计算方法如下：

标准数量×标准价格＝400×(2×6)＝4 800（元） ①

实际数量×标准价格＝400×[(880÷400)×6]＝5 280（元） ②

变动制造费用效率差异（量差）＝②－①＝5 280－4 800＝480（元）

实际数量×实际价格＝400×2.2×5＝4 400（元） ③

变动制造费用耗费差异（价差）＝③－②＝4 400－5 280＝－880（元）

方法一：变动制造费用差异＝③－①＝4 400－4 800＝－400（元）

方法二：变动制造费用差异＝变动制造费用效率差异＋变动制造费用耗费差异

＝480＋(－880)＝－400（元）

从计算结果可知，在实际产量下，实际变动制造费用比标准变动制造费用少 400 元。这 400 元的差异主要表现为，一是变动制造费用效率在数量上比标准超支了 480 元，二是变动制造费用耗费比标准节约了 880 元。二者合计节约 400 元。

形成变动制造费用差异的原因主要有：预算或标准估计错误，实际变动制造费用的

发生额与预计数发生偏差；间接材料价格变化，间接人工工资调整；间接材料质量低劣；其他各项费用控制不当。变动制造费用耗费差异构成内容繁多，直接反映着管理部门支出控制的成效，是实务中分析的重点。在进行成本差异分析时，应分清哪些是可控的，哪些是不可控的，并根据具体情况确定责任的归属。变动制造费用效率差异的形成原因与直接人工效率差异的形成原因基本相同。

4. 固定制造费用差异分析

固定制造费用差异是指实际发生的固定制造费用与实际产量下标准固定制造费用的差异。由于固定制造费用相对固定，实际产量与预算产量的差异会对单位产品所应负担的固定制造费用产生影响。固定制造费用差异分析方法包括二因素分析法和三因素分析法，其分析思路如图 6-4 所示。

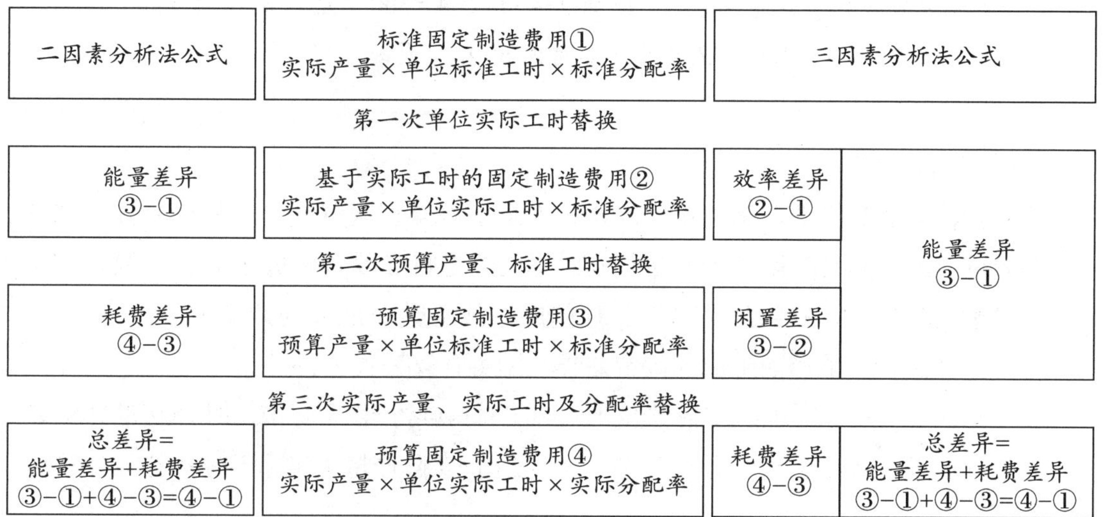

图 6-4　二因素分析法和三因素分析法的分析思路

（1）二因素分析法

二因素分析法是将固定制造费用差异分为固定制造费用能量差异和固定制造费用耗费差异的分析方法。

固定制造费用能量差异是指固定制造费用预算与固定制造费用标准成本的差额，或者说是将实际业务量的标准工时与生产能量的差额用标准分配率计算的金额。固定制造费用耗费差异是指固定制造费用实际金额与固定制造费用预算金额之间的差额。

在二因素分析法中，固定制造费用差异的相关计算公式为：

固定制造费用差异 = 固定制造费用能量差异+固定制造费用耗费差异

固定制造费用能量差异 = 预算产量下标准固定制造费用-实际产量下标准固定制造费用

= 预算产量下标准工时×标准分配率-实际产量下标准工时×标准分配率

=（预算产量下标准工时-实际产量下标准工时）×标准分配率

固定制造费用耗费差异=实际固定制造费用-预算产量下标准固定制造费用

=实际固定制造费用-单位标准工时×预算产量×标准分配率

=实际固定制造费用-预算产量下标准工时×标准分配率

其中，标准分配率=固定制造费用预算总额÷预算产量下标准总工时

【例 6-4】佳佳公司本月预算产量为 450 件，实际产量为 400 件，实际工时为 880 小时，发生固定制造费用 3 960 元，每件产品固定制造费用标准成本为 8 元/件，每件产品标准工时为 2 小时，标准分配率为 4 元/小时。采用二因素分析法计算如下：

固定制造费用差异=④-①=3 960-400×2×4-=760（元）

固定制造费用能量差异=③-①=450×2×4-400×2×4=400（元）

固定制造费用耗费差异=④-③=3 960-450×2×4=360（元）

上述算式中①②③④的含义及算法参见图 6-4。

（2）三因素分析法

三因素分析法是将固定制造费用差异分为效率差异、闲置差异、耗费差异三部分。耗费差异的计算方法与二因素分析法相同。不同的是将二因素分析法中的“能量差异”进一步分解为两部分，一部分是实际工时偏离标准工时而形成的效率差异，一部分是实际工时未达到标准能量而形成的闲置差异。相关计算公式为：

固定制造费用效率差异=(实际产量下实际工时-实际产量下标准工时)×标准分配率

固定制造费用闲置差异=(预算产量下标准工时-实际产量下实际工时)×标准分配率

【例 6-5】沿用上例，采用三因素分析法计算如下：

固定制造费用效率差异=②-①=400×(880÷400)×4-400×2×4=320（元）

固定制造费用闲置差异=③-②=450×2×4-400×(880÷400)×4=80（元）

固定制造费用能量差异=③-①=450×2×4-400×2×4=400（元）

计算结果显示，在实际产量下，固定制造费用效率差异与固定制造费用闲置差异之和等于固定制造费用能量差异。

（3）差异形成原因

形成固定制造费用耗费差异的原因主要有工资率增加或减少、税率变动等；某些酌量性固定成本（如职工培训费、差旅费等）因管理上的决策变化而有所增减；资源的数量比预算增加或减少，如职工增加或减少；有的部门怕完不成预算而延缓酌量性成本的支出，有的部门怕实际支出过少会削减下期经费预算而增加不必要的开支。这些都应当

区分具体情况采取相应的对策。

形成固定制造费用能量差异的原因主要有：市场萎缩，订货减少；原设计生产能力过剩；供应不足，停工待料；能源短缺，开工不足；机械设备发生故障，停工待修；产品调整；人员技术水平有限，未能发挥设备效率。能量差异是由于现有生产能力没有发挥出来而产生的差异，其责任主要应由高层管理人员承担，计划部门、生产部门、采购部门、销售部门等都可能负有一定的责任，应根据企业的具体情况确定。

四、标准成本法的优缺点

标准成本法一般适用于产品及生产条件相对稳定，或生产流程与工艺标准化程度较高的企业。

1. 标准成本法的主要优点

采用标准成本法能及时发现各成本项目不同性质的差异，有利于考核相关部门及人员的业绩。标准成本的制定、成本差异及其形成原因的信息可以使企业预算的编制更为科学和可行，有助于企业的经营决策。

2. 标准成本法的主要缺点

采用标准成本法要求企业产品的成本标准比较准确、稳定，在使用条件上存在一定的局限性，对标准管理水平要求较高，系统维护成本较高。标准成本需要根据市场价格波动频繁更新，导致成本差异可能缺乏可靠性，降低了成本控制效果。

第三节 本量利分析法

【情境导入】

佳佳公司某品牌女装一季度严重亏损，公司遂采取了一系列措施。例如：扩大广告费的投入，在各经营网点增加导购人员，激发消费者的购买欲；强化对职工基本操作技能的培训，降低不合格品的产出率；提高全员的服务意识，促进各部门间的合作，发挥协同效应；根据市场需求及时调整产品的设计方案，使产品更具有时尚特点，满足消费者个性化需求。第二季度，该品牌女装虽然销量有所上升，但仍然没有扭亏为盈，问题究竟出在哪里呢？

李总对该品牌进行了本量利分析，发现在现有的固定成本、变动成本和销售均价的情况下，要想实现保本，上半年销售额必须达到 700 万元，而实际销售额仅为 500 万元，亏损是必然的。下半年销售额更是要达到 1 400 万元才能保本。

那么，本量利分析能解决什么问题？它对管理决策又有哪些帮助？

一、本量利分析法概述

本量利分析法是研究产品成本、业务量和利润三者之间关系的一种方法。这种分析方法在变动成本法的基础上，以数量化的会计模型与图形揭示固定成本、变动成本、销售量、销售单价、销售收入、利润等因素之间的内在联系，它是企业管理人员进行预测、制订经营计划、编制预算、进行决策的基本方法。

1. 成本性态分析

成本性态分析是指在明确各种成本性态的基础上，按照一定的程序和方法，最终将全部成本区分为固定成本和变动成本两大类，并建立相应成本函数模型的过程。该成本函数模型可用下述公式表示：

$$y=a+bx$$

式中 y——总成本；

a——固定成本；

b——单位变动成本；

x——业务量。

2. 边际贡献方程式

边际贡献绝对数的表现形式有单位边际贡献和边际贡献，相对数表现形式有边际贡献率。

单位边际贡献和边际贡献的计算公式分别是：

单位边际贡献=销售单价-单位变动成本

边际贡献=销售收入-变动成本=单位边际贡献×销售量

边际贡献率是边际贡献占销售收入的百分比，可理解为每百元销售收入创造的边际贡献，反映了产品为企业创利的能力。变动成本率又称补偿率，是变动成本在销售收入中所占的百分比，它是与边际贡献率相对应的概念。二者的计算公式分别是：

边际贡献率=边际贡献/销售收入×100%=单位边际贡献/单价×100%

变动成本率=变动成本/销售收入×100%=单位变动成本/单价×100%

一般把销售收入分为变动成本和边际贡献两部分，前者是产品自身的耗费，后者是给企业创利的贡献，因此变动成本率与边际贡献率之和为1。

【例 6-6】佳佳公司生产的基础款T恤，批发售价为10元/件，单位变动成本为6元/件，全年固定成本为3万元，当年销售量为12 000件。其边际贡献、单位边际贡献、边际贡献率、变动成本率的计算方法如下：

边际贡献=12 000×10-12 000×6=48 000（元）

单位边际贡献=10−6=4（元/件）

边际贡献率=(10−6)÷10×100%=40%

变动成本率=6÷10×100%=60%

变动成本率+边际贡献率=60%+40%=1

边际贡献、单位边际贡献、边际贡献率均是越大越好的正指标，它们可以从不同的侧面反映特定产品对企业所做的贡献。边际贡献首先用于补偿企业的固定成本，如果补偿后有余额，则形成企业的利润。如果不足以补偿固定成本，则会发生亏损。

变动成本率是个越小越好的反指标。当产品变动成本率高时，边际贡献率则低，企业创利能力弱。反之，当产品变动成本率低时，边际贡献率则高，企业创利能力强。

3. 本量利基本关系式

本量利基本关系式如下：

税前利润=销售收入−变动成本−固定成本

=边际贡献−固定成本

=单位边际贡献×销售量−固定成本

=销售收入×边际贡献率−固定成本

本量利基本关系式在财务管理中应用十分广泛，因此必须在理解的基础上熟练掌握，以便灵活运用。

【例 6-7】假设佳佳公司只生产甲产品，12 月份的销售数量预计为 4.5 万套，每套销售单价为 180 元/套，单位变动成本为 110 元/套，固定生产成本为 58 万元，固定管理费用为 35 万元。甲产品边际贡献等指标的计算方法如下：

单位边际贡献=180−110=70（元/套）

边际贡献=45 000×70=315（万元）

边际贡献率=70÷180×100%≈38.89%

变动成本率=1−38.89%=61.11%

税前利润=315−58−35=222（万元）

二、本量利分析法的应用

本量利分析法是企业经营决策中常用、有效的工具之一。通过本量利分析，企业能够判断生产经营活动的健康状况，了解各因素变动对利润变动的影响程度，为达成利润

目标提供思路和方法，将生产经营活动控制在最佳状态中。

在经营决策中应用本量利分析法的关键在于确定成本分界点。所谓成本分界点就是两个备选方案预期成本相同情况下的业务量。找到了成本分界点，就可以在一定的业务量范围内选择出最优的方案。

1. 利润敏感性分析

由于原材料价格、产品价格、产销量等不断变化，所以保本点、目标销售量等数据会随之发生变动。这些相关因素变化都会引起利润的变化，但其影响程度各不相同。各因素对利润影响程度的指标称为利润的敏感系数，其计算公式为：

敏感系数=利润变动百分比÷因素变动百分比

有些因素虽然只发生了较小的变动，却导致利润发生很大的变动，利润对这些因素的变化十分敏感，这些因素被称为敏感因素。与此相反，有些因素虽然变动幅度很大，却有可能只对利润产生较小影响，这些因素被称为不敏感因素。通过利润敏感性分析，企业可以确定各因素对利润影响程度的大小，以便决策者在情况发生变化后，能及时有效应对。

【例 6-8】假设佳佳公司只生产和销售甲产品，计划年度内有关数据预测如下：销售量为 10 万件，单价为 30 元/件，单位变动成本为 20 元/件，固定成本为 20 万元。假设销售量、单价、单位变动成本和固定成本均增长了 10%，则销售量、单价、单位变动成本、固定成本敏感系数的计算方法如下：

(1) 计算销售量的敏感系数

预计的目标利润=(30−20)×10−20=80（万元）

增长后的销售量=10×(1+10%)=11（万件）

销售量增长后的利润=(30−20)×11−20=90（万元）

利润变动百分比=(90−80)÷80=12.5%

销售量的敏感系数=12.5%÷10%=1.25

可见，销售量变动 10%，利润就会变动 12.5%。当销售量增长时，利润会以更大的幅度增长，这是企业固定成本的存在导致的。对销售量进行敏感性分析，实质上就是分析经营杠杆现象，利润对销售量的敏感系数其实就是经营杠杆系数。

(2) 计算单价的敏感系数

增长后的单价=30×(1+10%)=33（元/件）

单价增长后的利润=(33−20)×10−20=110（万元）

利润变动百分比=(110−80)÷80=37.5%

单价的敏感系数=37.5%÷10%=3.75

可见，单价对利润的影响很大。这说明，涨价是提高盈利的有效手段，反之，价格下跌也将对企业利润构成很大威胁。根据单价敏感系数可知，每降价1%，企业将失去3.75%的利润，必须格外予以关注。

(3) 计算单位变动成本的敏感系数

增长后的单位变动成本=20×(1+10%)=22（元/件）

单位变动成本增长后的利润=(30-22)×10-20=60（万元）

利润变动百分比=(60-80)÷80=-25%

单位变动成本的敏感系数=-25%÷10%=-2.5

由此可见，单位变动成本对利润的影响比单价小，单位变动成本每上升1%，利润将减少2.5%。但是，单位变动成本敏感系数绝对值大于1，说明单位变动成本的变化会造成利润更大的变化，仍属于敏感因素。

(4) 计算固定成本的敏感系数

增长后的固定成本=20×(1+10%)=22（万元）

固定成本增长后的利润=(30-20)×10-22=78（万元）

利润变动百分比=(78-80)÷80=-2.5%

固定成本的敏感系数=-2.5%÷10%=-0.25

这说明固定成本每上升1%，利润将减少0.25%。

根据计算结果，可将佳佳公司的利润敏感因素按敏感系数的绝对值排列，从大到小依次为单价、单位变动成本、销售量、固定成本。

2. 税前利润预测

本量利分析往往用来预测利润，规划最优的利润目标，并为实现目标利润提供各种有关生产、销售和价格的可行性方案。

企业在开始某项业务活动之前，通常要在产品的单价、销售量、变动生产成本、固定成本等方面进行计划预测，从而对计划期可望实现的税前利润进行预测。预测税前利润的计算公式是：

预测税前利润=销售量×单价-销售量×单位变动成本-固定成本

=销售量×单位边际贡献-固定成本

=销售收入×边际贡献率-固定成本

=安全边际量×单位边际贡献

=安全边际额×边际贡献率

式中的安全边际额是指正常销售额（或实际订货额）与保本点销售额的差额，它表

明销售额下降多少时企业仍不亏损。

式中的安全边际量是指正常销售量与保本点销售量的差额，它表明销售量下降多少时企业仍不亏损。其计算公式是：

安全边际量=正常销售量-保本点销售量

一般说来，当安全边际量较大时，企业对市场衰退的承受力也较强，其生产经营的风险程度较小；当安全边际量较小时，企业对市场衰退的承受力也较弱，其生产经营的风险程度较大。

【例 6-9】佳佳公司预计 6 月销售 A 产品 3 500 件，单价 240 元/件，单位变动成本 180 元/件，固定成本总额 12 万元。据此可计算出单位边际贡献为 60 元/件（即 240-180），边际贡献率为 25%（即 60÷240）。将有关数据代入公式可得：

预测税前利润 = 3 500×240-3 500×180-120 000=90 000（元）

或 = 3 500×(240-180)-120 000=90 000（元）

或 = 3 500×240×25%-120 000=90 000（元）

或 = [3 500-120 000÷(240-180)]×(240-180)= 90 000（元）

或 = [3 500-120 000÷(240-180)]×240×25%=90 000（元）

3. 保利预测

目标利润确定后，还要预测实现目标利润所需要的业务量，即预测保利点。保利点是指在单价和成本水平确定的情况下，为确保预先确定的目标利润能够实现而应达到的销售量（即保利销售量）和销售额（即保利销售额）的统称。其计算公式是：

保利销售量=(固定成本+目标利润)/(单价-单位变动成本)=(固定成本+目标利润)/单位边际贡献

保利销售额=(固定成本+目标利润)/边际贡献率=保利销售量×单价

【例 6-10】佳佳公司 7 月份的目标利润为 144 000 元，价格和成本保持上月水平不变（见上例内容）。7 月份佳佳公司的保利销售量和保利销售额是：

保利销售量=(120 000+144 000)÷(240-180)= 4 400（件）

保利销售额=(120 000+144 000)÷25%=1 056 000（元）

或 =4 400×240=1 056 000（元）

计算结果说明，在现有条件下，佳佳公司为实现 144 000 元的目标利润，7 月份的销售量必须达到 4 400 件，或使销售收入达到 1 056 000 元。

4. 选择生产工艺或设备

【例 6-11】佳佳公司在原有生产线使用时间到达使用年限之后，面临着更换生产线的选择。公司可以购买与原来一样的生产线，也可以购买一条自动化程度较高的生产线。原有生产线的价格为 15 万元，而新的生产线价格为 30 万元。两条生产线的使用年限均为 5 年，无残值。两条生产线生产出来的产品型号、质量相同，市场售价为 50 元/件。有关成本情况见表 6-4。

表 6-4　佳佳公司有关成本情况

项目		原生产线	新生产线
单位直接材料（元/件）		15	15
单位直接人工（元/件）		12	10
单位变动制造费用（元/件）		10	10
固定制造费用（元，假设只包括折旧）		30 000	60 000
年销售费用（元）	固定部分	10 000	
	变动部分	5	
年管理费用（元，假设全部为固定费用）		10 000	

分析计算过程见表 6-5。

表 6-5　佳佳公司生产线选择分析计算表

项目	原生产线	新生产线
单位产品售价（元/件）	50	50
单位变动成本（元/件）	15+12+10+5=42	15+10+10+5=40
单位边际贡献（元/件）	50−42=8	50−40=10
年固定成本（元）	30 000+10 000+10 000=50 000	60 000+10 000+10 000=80 000
保利销售量（件）	50 000÷8=6 250	80 000÷10=8 000

假设公司年销售量为 x，则两条生产线对应的年利润分别为：

原生产线利润 $=8x-50\ 000$

新生产线利润 $=10x-80\ 000$

由 $8x-50\ 000=10x-80\ 000$，得到 $x=15\ 000$（件）。

当年销售量为 15 000 件时，即达到两个方案的成本分界点，两条生产线产生的年利润相等；当年销售量低于 15 000 件时，采用原来的生产线所获得的利润较多；当年销售量高于 15 000 件时，采用新的生产线所获得的利润较多。虽然采用新的生产线后，保本点变大了，风险增加了，但是如果年销售量能够超过 15 000 件，采用新的生产线会比使用原来的生产线创造更多的利润。

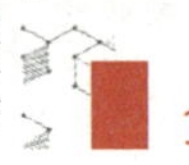

5. 新产品投产决策

【例 6-12】沿用上例资料，假设佳佳公司通过对销售量的估计决定采用新的生产线，并对原有的产品进行了研发升级，开发出新产品 A 和新产品 B。原有产品的年销售量为 2 万件。企业面临投产决策，有以下三种方案可供选择：

方案一：投产新产品 A，A 产品年销售量将达到 9 000 件，并使原有产品的销售量减少 20%；

方案二：投产新产品 B，B 产品年销售量将达到 4 000 件，并使原有产品的销售量减少 15%；

方案三：A、B 两种新产品一起投产，由于相互之间的影响，年销售量将分别为 10 000 件和 2 000 件，并使原有产品的销售量减少 50%。

另外，投产新产品 B 还需要增加额外的辅助生产设备，这将导致每年的固定成本增加 1 万元。相关资料见表 6-6。

表 6-6　佳佳公司成本计算表

项目	原有产品	新产品 A	新产品 B
年销售量（件）	20 000	9 000	4 000
单价（元/件）	50	60	75
单位变动成本（元/件）	40	45	50
单位边际贡献（元/件）	10	15	25
年固定成本（元）	80 000	—	10 000

分析计算过程见表 6-7。

表 6-7　佳佳公司新产品投产分析计算表

项目	方案一	方案二	方案三	
			产品 A	产品 B
年销售量（件）	9 000	4 000	10 000	2 000
单位边际贡献（元/件）	15	25	15	25
边际贡献总额（元）	135 000	100 000	200 000	
原有产品减产损失（元）	40 000	30 000	100 000	
增加的固定成本（元）	0	10 000	10 000	
投产新产品增加的息税前利润（元）	95 000	60 000	90 000	

因为新产品的投产将减少原有产品的销售量，所以原有产品因此而减少的边际贡献为投产新产品的机会成本，在决策时应予以考虑。

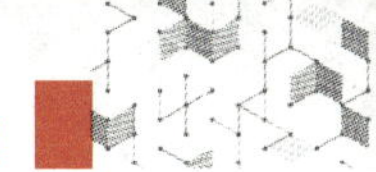

方案一：若投产 A 产品，原有产品减产损失＝20 000×10×20%＝40 000（元）

EBIT＝135 000−40 000＝95 000（元）

方案二：若投产 B 产品，原有产品减产损失＝20 000×10×15%＝30 000（元）

EBIT＝100 000−30 000−10 000＝60 000（元）

方案三：若两种产品一起投产，原有产品减产损失＝20 000×10×50%＝100 000（元）

EBIT＝200 000−100 000−10 000＝90 000（元）

综合上述分析，采取方案一创造的利润较多，因此，该公司应选择方案一。

思考与练习

一、简答题

1. 什么是标准成本？标准成本控制的内容有哪些？

2. 什么是本量利分析？其基本关系式是什么？它有什么用途？

3. 如何预测目标利润？

二、计算分析题

1. 某公司准备生产新产品，相关资料如下：该产品固定成本总额为 3 万元，单位变动成本为 5 元/件，单价为 10 元/件。通过市场调查，公司预测该产品市场需求约为 15 000 件。该公司是否应该生产该产品？如果该产品能够销售 15 000 件，该公司能获得多少利润？

2. 某公司生产的产品当单价为 20 元/件、年销售量为 2 000 件时实现保本，变动成本总额为 1 万元，固定成本总额为 7 500 元。公司计划将原有生产设备淘汰，更换一台较为先进的设备。设备购买价格为 2 万元，预计使用期为 5 年，无残值，采用直线法计提折旧。假设新设备投产后产量不变，变动成本为 6 500 元。根据资料，用本量利分析法判断企业能否购买该设备。

第七章
收入与利润分配管理

学习目标

1. 掌握产品定价的方法和技巧。
2. 掌握销售收入预测的方法。
3. 掌握企业利润分配的原则和顺序。
4. 了解股利政策及其优缺点。

收入与利润分配管理是企业将一定时期内所创造的经营成果合理地在企业内、外部各利益相关者之间进行有效分配的过程。收入反映的是企业经济利益的来源，而分配反映的是企业经济利益的去向，两者共同构成企业经济利益流动的完整链条。

思维导图

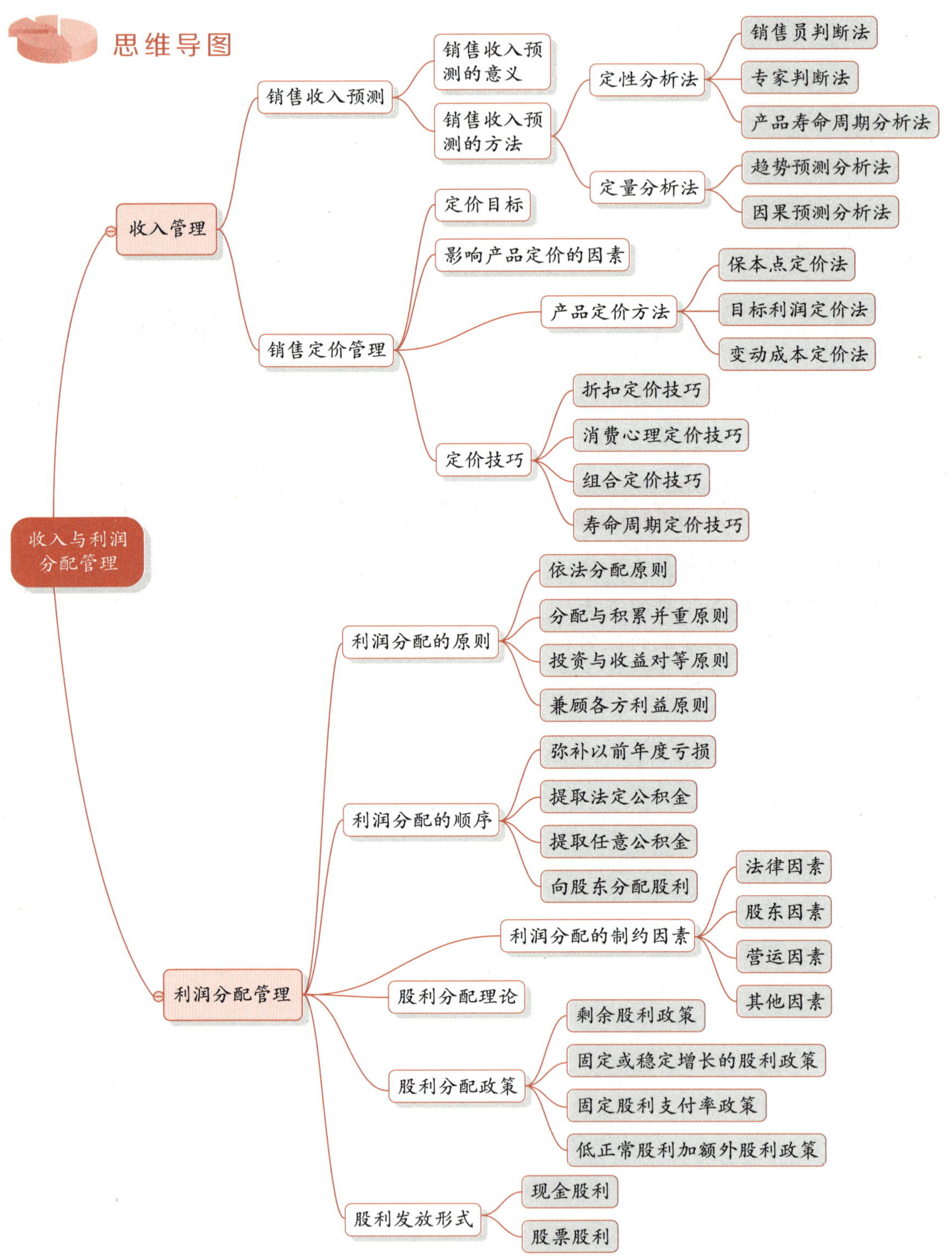

第一节　收入管理

【情境导入】

佳佳公司计划对企业的销售量进行预测分析，为此，公司选择若干品牌经销商、时尚博主、消费者、销售代表、市场部经理组成专家小组。

佳佳公司就自身品牌的服装和一些相关的材料向各位专家分别发出调查函，要求大家给出该服装的最低销售量、最有可能销售量和最高销售量三组数据，同时说明自己做出判断的理由。然后，公司将专家们的意见收集起来，归纳整理后通过不记名方式反馈给各位专家，要求专家们参考他人的意见对自己的预测重新考虑。专家们完成第一次预测并得到第一次预测的汇总结果后，除了销售代表 A 外，其他专家在第二次预测中都做出了不同程度的修正。

接下来，佳佳公司重复进行上述操作。在第三次预测中，大多数专家又一次修改了自己的看法。第四次预测时，所有专家都不再修改自己的意见。因此，专家意见收集过程在第四次以后停止了。最终预测结果为最低销售量 15 万件，最高销售量 32 万件，最可能销售量 26 万件。

一、收入与收入管理

收入是指企业在日常活动中形成，会导致所有者权益增加，与所有者投入资本无关的经济利益的总流入，包括销售收入、劳务收入、利息收入、租金收入、罚款收入、补贴收入等。

企业的收入以销售收入为主，具有重复性、经常性和可预见性。影响销售收入的主要因素是产品的销量与价格，销售收入管理的主要内容包括销售收入预测与销售定价管理。

二、销售收入预测

1. 销售收入预测的意义

销售收入预测是指通过市场调查，以相关历史资料及各类信息为基础，运用科学的预测方法，对企业产品在计划期间的销售量做出预估的过程。企业通过销售收入预测可减少和避免生产经营盲目性。

（1）销售收入预测是市场经济的客观要求

市场经济环境里，市场机制对国民经济和企业经营具有调节作用。企业进行销售收入预测工作对国民经济发展也具有重要意义。

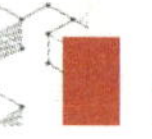

（2）销售收入预测是编制销售收入计划的依据

销售收入预测包括对企业产品销售量和销售价格的预测，它们是企业编制销售收入计划的最主要依据。

（3）销售收入预测是企业制订生产计划的前提

企业要按照销售收入计划制订生产计划和其他的经营计划，即以销定产。

（4）销售收入预测是企业获得利润的基础

销售收入预测增强了企业销售收入的可预见性，是改善销售工作，实现企业利润目标的基础。

2. 销售收入预测的方法

销售收入预测的方法可分为定性分析法和定量分析法两类，每一类又可细分为若干种具体方法，如图 7-1 所示。

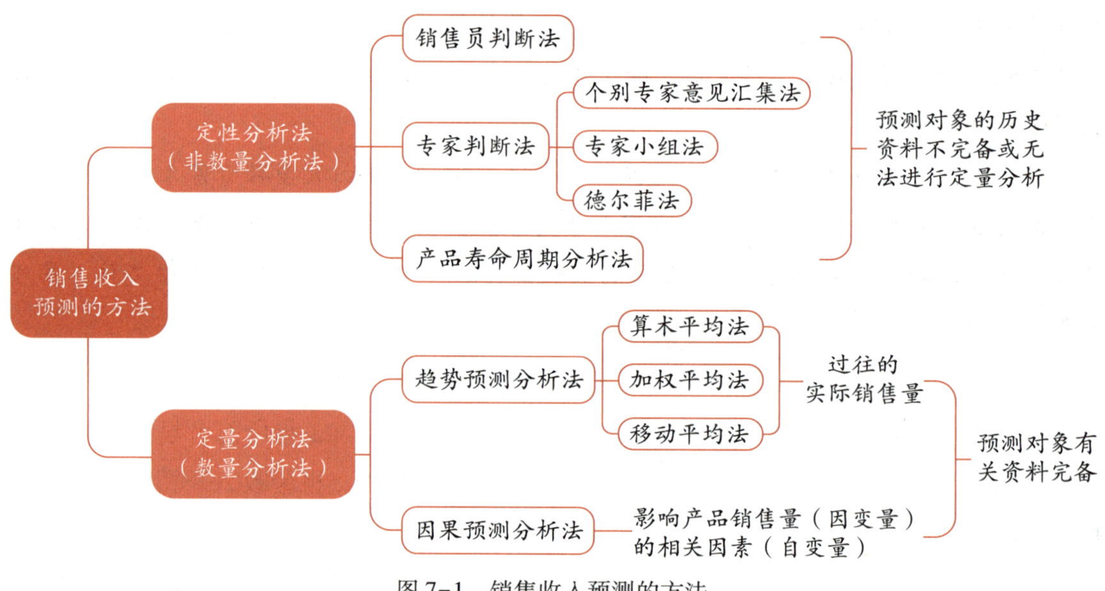

图 7-1　销售收入预测的方法

（1）定性分析法

定性分析法即非数量分析法，是指由专业人员根据实际经验，对预测对象的未来情况及发展趋势做出预测的一种分析方法，主要包括销售员判断法、专家判断法和产品生命周期分析法。

1）销售员判断法。销售员判断法又称意见汇集法，是企业内部熟悉市场情况及相关变化信息的销售人员对市场进行预测，企业再将各种判断意见加以综合分析、整理，并得出预测结论的方法。这种方法的优点在于用时短、成本低、比较实用，但是这种方法主要依靠销售人员的主观判断，具有较大的片面性。

2）专家判断法。专家判断法是由专家根据经验和判断能力对特定产品的未来销售量进行判断和预测的方法，主要有三种不同形式。一是个别专家意见汇集法，即分别向每位专家征求对产品未来销售情况的个人意见，然后将这些意见加以综合分析，确定预测值的方法。二是专家小组法，即将专家分成若干小组，运用专家们的集体智慧进行判断预测的方法。此方法的缺陷是预测小组中专家的意见可能受权威专家的影响，客观性较差。三是德尔菲法，又称函询调查法，它采用函询的方式，征求各方面专家的意见。各专家在互不沟通的情况下，根据自己的观点和方法进行预测，然后由企业把各个专家的意见汇集在一起，通过不记名方式反馈给各位专家，请他们参考别人的意见修正本人原来的判断，如此反复数次，最终确定预测结果。

3）产品生命周期分析法。产品生命周期分析法就是利用产品销售量在不同生命周期阶段的变化趋势进行销售预测的一种定性分析方法，它是对其他预测分析方法的补充。

产品生命周期是指产品从投入市场到退出市场所经历的时间，包括推广期、成长期、成熟期和衰退期四个阶段，如图 7-2 所示。一般来说，推广期增长率不稳定，成长期增长率最大，成熟期增长率稳定，衰退期增长率为负数。

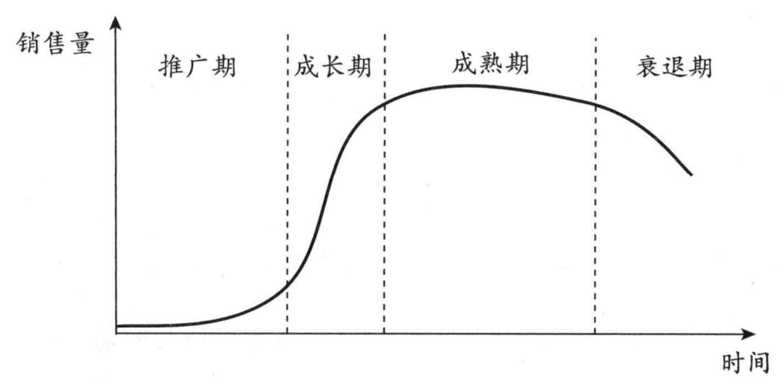

图 7-2　产品生命周期

了解产品所处的生命周期阶段，有助于正确选择预测方法。例如：推广期历史资料缺乏，可以运用定性分析法进行预测；成长期可运用回归分析法进行预测；成熟期销售量比较稳定，适合采用趋势预测分析法。

（2）定量分析法

定量分析法又称数量分析法，是指在预测对象有关资料完备的基础上，运用一定的数学方法，建立预测模型并做出预测的方法。定量分析法一般包括趋势预测分析法和因果预测分析法。

1）趋势预测分析法。趋势预测分析法主要有算术平均法、加权平均法和移动平均法三种形式。

①算术平均法。使用算术平均法时，将若干历史时期的实际销售量作为样本值，求出其算术平均数，并将该平均数作为下期销售量的预测值。算术平均法适用于每期销售量波动不大的产品的销售预测。其计算公式为：

$$Y = \frac{\sum_{i=1}^{n} X_i}{n}$$

式中 Y——预测值；

X_i——第 i 期的实际销售量；

n——期数。

②加权平均法。使用加权平均法时，将若干历史时期的实际销售量作为样本值，将各个样本值按照一定的权数计算得出加权平均数，并将该平均数作为下期销售量的预测值。一般来说，由于市场变化较大，离预测期越近的样本值对预测值影响越大，而离预测期越远的则影响越小，所以权数的选取应遵循“近大远小”的原则。加权平均法较算术平均法更为合理，计算也较方便，在实践中应用较多。其计算公式为：

$$Y = \sum_{i=1}^{n} W_i X_i$$

式中 Y——预测值；

W_i——第 i 期的权数（$0<W_i \leqslant W_{i+1}<1$，且 $\sum W_i = 1$）；

X_i——第 i 期的实际销售量；

n——期数。

③移动平均法。使用移动平均法时，从 n 期的销售量中选取 m 期（m 数值固定，且 $m<\frac{n}{2}$）数据作为样本值，求 m 期的算术平均数，并不断向后移动，计算其平均值，以最后一个 m 期的平均数作为未来第 $n+1$ 期的销售预测值。

移动平均法假设预测值主要受近期 m 期数据的影响。由于移动平均法只选用了 n 期数据中的最后 m 期数据作为计算依据，故而代表性较差。此法适用于销售量略有波动的产品。其计算公式为：

$$Y_{n+1} = \frac{X_{n-(m-1)} + X_{n-(m-2)} + \cdots + X_{n-1} + X_n}{m}$$

为了使预测值更能反映销售量变化的趋势，可以对上述结果按趋势值进行修正，修正后的计算公式为：

$$\bar{Y}_{n+1} = Y_{n+1} + (Y_{n+1} - Y_n)$$

式中 $\bar{Y}$——修正的预测值。

【例 7-1】佳佳公司拟对 2013 年—2020 年的产品销售量制定合理的权数（见表 7-1），现需要分别用算术平均法、加权平均法和移动平均法预测公司 2021 年的销售量。

表 7-1　佳佳公司 2013 年—2020 年销售量及权数表

年度	2013	2014	2015	2016	2017	2018	2019	2020
销售量（件）	6 500	6 600	6 300	6 700	6 900	7 000	6 800	7 200
权数	0.04	0.06	0.08	0.12	0.14	0.16	0.18	0.22

（1）根据算术平均法的计算公式，公司 2021 年的预测销售量为：

$$预测销售量=\frac{6\ 500+6\ 600+\cdots+6\ 800+7\ 200}{8}=6\ 750（件）$$

（2）根据加权平均法的计算公式，公司 2021 年的预测销售量为：

预测销售量 $=6\ 500\times0.04+6\ 600\times0.06+\cdots+6\ 800\times0.18+7\ 200\times0.22=6\ 858$（件）

（3）根据移动平均法的计算公式，假设样本期为 3 期，公司 2020 年的预测销售量为 6 950 件，则公司 2021 年的预测销售量为：

$$预测销售量=\frac{7\ 000+6\ 800+7\ 200}{3}=7\ 000（件）$$

根据修正公式，公司 2021 年的预测销售量为：

预测销售量 $=7\ 000+(7\ 000-6\ 950)=7\ 050$（件）

2）因果预测分析法。因果预测分析法是指分析影响产品销售量（因变量）的相关因素（自变量）之间的函数关系，并利用这种函数关系进行产品销售预测的方法。因果预测分析法中最常用的是回归分析法。

回归分析法也称一元线性回归分析法。它假设影响预测销售量的因素只有一个，根据直线方程式 $y=a+bx$，按照最小二乘法确定一条误差最小的、能正确反映自变量 x 和因变量 y 之间关系的直线，相关计算公式为：

$$b=\frac{n\sum xy-\sum x\sum y}{n\sum x^2-(\sum x)^2}$$

$$a=\frac{\sum y-b\sum x}{n}$$

待求出 a、b 的值后，代入直线方程式 $y=a+bx$，结合自变量 x 的取值，即可求得预测销售量。

【例 7-2】沿用上例中的资料，假设佳佳公司产品销售量只受广告费的影响，

2021 年度预计广告费为 200 万元，佳佳公司部分年度的销售量和广告费见表 7-2，需要用回归分析法预测公司 2021 年的产品销售量。

表 7-2 佳佳公司部分年度销售量和广告费

年度	2013 年	2014 年	2015 年	2016 年	2017 年	2018 年	2019 年	2020 年
销售量（件）	6 500	6 600	6 300	6 700	6 900	7 000	6 800	7 200
广告费（万元）	150	160	165	155	170	180	190	195

根据以上资料列表计算，具体见表 7-3。

表 7-3 佳佳公司广告费与销售量计算表

年度	广告费 x（万元）	销售量 y（件）	xy	x^2	y^2
2013 年	150	6 500	975 000	22 500	42 250 000
2014 年	160	6 600	1 056 000	25 600	43 560 000
2015 年	165	6 300	1 039 500	27 225	39 690 000
2016 年	155	6 700	1 038 500	24 025	44 890 000
2017 年	170	6 900	1 173 000	28 900	47 610 000
2018 年	180	7 000	1 260 000	32 400	49 000 000
2019 年	190	6 800	1 292 000	36 100	46 240 000
2020 年	195	7 200	1 404 000	38 025	51 840 000
合计	1 365	54 000	9 238 000	234 775	365 080 000

根据公式计算如下（$n=8$）：

$$b=\frac{8\times9\ 238\ 000-1\ 365\times54\ 000}{8\times234\ 775-1\ 365^2}\approx12.95$$

$$a=\frac{54\ 000-12.95\times1\ 365}{8}\approx4\ 540$$

将 a、b 代入直线方程式，可以算出佳佳公司 2021 年产品预测销售量为：

预测销售量 $=4\ 540+12.95\times200=7\ 130$（件）

三、销售定价管理

销售定价管理是指在调查分析的基础上，选用合适的产品定价方法，为销售的产品制定最为恰当的售价，并根据具体情况运用不同价格策略，实现经济效益最大化的过程。

企业销售各种产品都必须确定合理的产品销售价格。产品销售价格的高低以及价格

策略的优劣，直接影响企业的生产经营活动，关乎企业的生存和发展。良好的销售定价管理可以使企业的产品更富有竞争力，扩大市场占有率，改善企业的相对竞争地位。

1. 定价目标

定价目标是销售定价管理的重要组成部分，企业自身的实际情况及所面临的外部环境不同，定价目标也不同。定价目标一般有以下几种：

（1）实现利润最大化

利润最大化目标常被作为企业的长期目标，但这并不意味着企业在产品定价上采取最高售价的策略。企业需要制定产品的合理价格，激发市场需求，从而提高销售收入，才可能实现利润最大化。

（2）提高市场占有率

市场占有率是企业及其产品竞争力的综合反映。以提高市场占有率为定价目标，就要求产品在保证质量的同时又具有价格优势。

（3）维护企业形象

企业形象是企业长期塑造的结果。有的企业推崇价高质优的形象，有的企业坚持物美价廉的形象。无论企业选择哪一种形象，产品定价都应切合企业自身形象。

（4）处理积压产品

企业在遇到产品过季积压太多、市场供应严重过剩等情况时，往往不得不对产品降价处理以回笼资金。这是企业遇到困难时常选择的过渡性定价目标。

2. 影响产品定价的因素

产品价格以货币计量，价格高低直接决定企业销售收入和盈利水平的高低。产品定价的影响因素很多，如消费者收入、消费者对产品价值的认同程度、交易方式等，不同产品定价的影响因素又千差万别。总的来说，影响产品定价的主要因素包括以下几种：

（1）产品价值量

价格是价值的货币表现，价值是价格的基础。产品价值量的大小是影响产品价格的内在因素，产品价值量由生产产品的社会必要劳动时间决定。提高企业的劳动生产率，减少生产产品所需要的社会必要劳动时间，可以使产品的价值量变大。

（2）产品成本

成本是影响产品价格的重要因素。对于企业而言，产品价格至少要能覆盖企业支付的成本。如果成本过高，产品价格自然变高。企业只有努力降低产品的成本，使其低于社会平均成本，才能提高企业产品的竞争力。

（3）市场供求情况

市场供求和产品价格相互作用，供求数量对比决定价格的高低和变化。当一种产品的市场供应大于需求时，价格就会下降；当供应小于需求时，价格就会上升。

（4）市场竞争情况

不同的市场竞争程度对产品定价的影响也不相同。竞争越激烈，对价格的影响也越大。为了做好定价决策，企业必须充分了解行业情况，尤其是竞争对手的产品定价策略。

（5）国家政策法规

国家对市场物价的高低和变动有很多规定，企业在进行销售定价管理时一定要把握好具体的政策法规。此外，国家为了一些政治或经济目的，会通过经济措施影响商品价格。这种情形下，价格便成为刺激经济、促进生产、提高社会经济效益的重要因素。

3. 产品定价方法

企业应根据自身定价目标，综合考虑各类价格影响因素，制定出对自身最有利的合理价格。企业常常以成本为基础，辅助运用定价技巧确定产品价格。常见的产品定价方法包括保本点定价法、目标利润定价法、变动成本定价法等。

（1）保本点定价法

保本点定价法按照刚好能够保本的原理制定产品价格。产品价格保持在既不赢利也不亏损的水平线，一般采用这一方法确定的价格是产品的最低销售价格。其计算公式为：

$$\text{单位产品价格}=\frac{\text{单位固定成本}+\text{单位变动成本}}{1-\text{适用税率}}=\frac{\text{单位完全成本}}{1-\text{适用税率}}$$

【例 7-3】佳佳公司生产的秋季女装套裙，某月计划销售量为 1 万件，应负担的固定成本总额为 560 万元，单位变动成本为 800 元/件，无消费税。根据以上资料，运用保本点定价法测算的每件套裙的价格应为：

每件套裙的价格＝5 600 000÷10 000+800＝1 360（元/件）

（2）目标利润定价法

目标利润是指企业在预定时期内计划实现的利润。目标利润定价法是根据预期目标利润确定产品价格的方法，其计算公式为：

$$\text{单位产品价格}=\frac{\text{目标利润总额}+\text{完全成本总额}}{\text{产品销量}\times(1-\text{适用税率})}$$

或，

$$\text{单位产品价格}=\frac{\text{单位目标利润}+\text{单位完全成本}}{1-\text{适用税率}}$$

【例 7-4】佳佳公司生产的秋季女装外套，某月计划销售量为 10 000 件，目标利润总额为 325 万元，公司产销平衡，完全成本总额为 950 万元，不考虑税费。根据以上资料，运用目标利润定价法测算的每件外套的价格应为：

$$每件外套的价格=\frac{3\ 250\ 000+9\ 500\ 000}{10\ 000}=1\ 275（元/件）$$

（3）变动成本定价法

企业在生产能力有剩余的情况下有时会多生产一定数量的产品，这些增加的产品可以不负担企业的固定成本，只负担变动成本。在确定价格时，产品成本仅以变动成本计算，这一方法就是变动成本定价法。此处所指的变动成本是指完全变动成本，包括变动制造费用和变动期间费用。其计算公式为：

$$单位产品价格=\frac{单位变动成本\times(1+成本利润率)}{1-适用税率}$$

【例 7-5】佳佳公司生产的秋季女装连衣裙，设计生产能力为 12 000 件，计划生产 1 万件，预计单位变动成本为 800 元/件，计划期的固定成本总额为 220 万元，不考虑税费，成本利润率必须达到 25%。假设公司本年度接到一个额外订单，订购该款连衣裙 500 件，单价是 1 200 元/件。公司要决定计划内生产的连衣裙的单价是多少，以及是否应该接受这一额外订单。

根据上述资料，佳佳公司计划内生产的每件连衣裙的价格为：

$$计划内生产的每件连衣裙的价格=\left(\frac{2\ 200\ 000}{10\ 000}+800\right)\times(1+25\%)=1\ 275（元/件）$$

追加生产 1 500 件连衣裙的单位变动成本为 800 元/件，则计划外生产的每件连衣裙的价格为：

$$计划外生产的每件连衣裙的价格=800\times(1+25\%)=1\ 000（元/件）$$

因为额外订单产品单价高于按变动成本计算的产品单价，能为企业带来更多利润，故可以接受这一额外订单。

4. 定价技巧

定价技巧是企业为实现定价目标，根据市场变化因素对产品价格的影响程度制定出适应市场变化的价格的方法，它是促进营销的手段。常见的定价技巧包括：

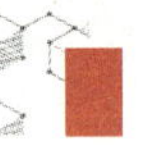

（1）折扣定价技巧

折扣定价技巧是指企业为了鼓励顾客及早付清货款、大量购买、淡季购买等，酌情降低产品价格的定价技巧。

（2）消费心理定价技巧

消费心理定价技巧是指针对消费者的心理特点采取的一种定价技巧，主要有随行就市法、渗透定价法、撇脂定价法、尾数定价法和分档定价法等。

（3）组合定价技巧

组合定价技巧是针对相关产品组合采取的一种定价技巧。采用组合定价技巧时，企业将互补性产品、关联产品打包组合销售，往往把有的产品价格定得高一些，把有的产品价格定得低一些，从而保证整体经济效益。

（4）生命周期定价技巧

生命周期定价技巧是根据产品从进入市场到退出市场的生命周期，分阶段确定不同价格的定价技巧。一般来说，推广期的产品应采用低价促销，成长期的产品可以采用中等价格，成熟期的产品可以采用高价促销，衰退期的产品可以降价促销或辅以折扣等其他手段。

第二节 利润分配管理

【情境导入】

分红是企业定期从盈利中按一定比例支付红利给股东的行为，它是向投资者兑现投资收益的一个重要方式。李总发现，2015 年—2019 年，佳佳公司平均年化收益率是 12.5%，远超市场平均水平，但是多年来该公司只有一次分红记录，股东们也从未有过意见。经了解，股东们普遍认为，公司发展形势看好，如果把收益用于投资再生产、扩大经营规模，比直接分红有更大的收益。

一、利润分配的原则

利润分配是指将企业实现的利润按照国家有关规定和董事会的决议，向企业的利益相关者进行分配的过程。这里所说的利润包括以前年度未分配利润和本期实现的净利润。利润分配关系着国家、企业及所有者等各方面的利益，必须遵循以下原则：

1. 依法分配原则

为了规范企业的利润分配行为，维护各利益相关者的合法权益，国家颁布了相关法律法规。这些法律法规规定了企业利润分配的基本要求、一般程序和相关比例，企业应当严格遵照执行。

2. 分配与积累并重原则

企业利润分配会对企业局部利益、全局利益、近期利益和长远利益产生影响。

净利润不仅为企业扩大生产筹措资金，增强企业发展能力，提高企业抵抗风险的能力，还可以供未来年度进行分配，起到以丰补歉、平抑利润分配数额波动、稳定投资报酬率的作用。

3. 投资与收益对等原则

企业进行利润分配时应当遵循谁投资谁受益、收益大小与投资比例相对等的原则，这是正确处理投资者利益关系的关键。

4. 兼顾各方利益原则

企业是社会经济的基本单元，企业的利润分配涉及国家、股东、债权人、职工等多方面的利益。企业在进行利润分配时，应当统筹兼顾，维护各利益相关者的合法权益。

二、利润分配的顺序

根据我国相关法律的规定，企业利润的分配应按照一定顺序进行，如图 7-3 所示。

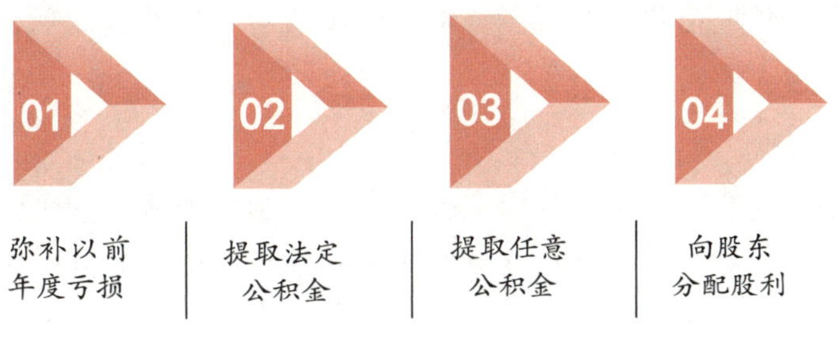

图 7-3　利润分配顺序

1. 弥补以前年度亏损

企业年度亏损可以用下一年度的税前利润弥补，下一年度税前利润不足以弥补的，可以在五年之内用税前利润连续弥补，连续五年未弥补的亏损则用税后利润弥补。其中，用税后利润弥补亏损时可以用当年实现的净利润，也可以用盈余公积转入。

2. 提取法定公积金

根据相关法律规定，法定公积金的提取比例为当年税后利润（弥补亏损后）的 10%。提取法定公积金的主要目的是增加企业内部积累，以利于企业扩大再生产。法定公积金的累计额达注册资本的 50%时，可以不再提取。法定公积金提取后，根据企业的需要，可用于弥补亏损或转增资本，但企业用法定公积金转增资本后，法定公积金的余额不得低于转增前企业注册资本的 25%。

3. 提取任意公积金

根据相关法律规定，企业从税后利润中提取法定公积金后，经股东会或股东大会决定，还可以从税后利润中提取任意公积金。提取任意公积金可满足企业经营管理的需要，

还可控制向投资者分配利润的多少，调整各年度利润分配的波动。

4. 向股东分配股利

根据相关法律规定，企业弥补亏损和提取公积金后所余税后利润，可以向股东（投资者）分配。其中，有限责任公司股东按照实缴的出资比例分配，全体股东约定不按照出资比例分配的除外；股份有限公司按照股东持有的股份比例分配，但股份有限公司章程规定不按照持股比例分配的除外。

三、利润分配的制约因素

在现实经济生活中，企业的利润分配涉及企业相关各方的切身利益，会受众多不确定因素的影响。一般来说，利润分配管理应当考虑以下几个主要因素：

1. 法律因素

为了保护债权人和股东的利益，我国法律就企业的利润分配做出了相关规定：

（1）资本保全约束

企业不能用资本（包括实收资本或股本以及资本公积）发放股利，其目的在于维持企业资本的完整性，防止企业任意减少资本结构中所有者权益的比例，保护企业完整的产权基础，保障债权人的利益。

（2）资本积累约束

企业必须按照一定的比例和基数提取公积金，股利只能从企业可供股东分配的利润中支付。在进行利润分配时，一般应当贯彻“无利不分”的原则，即当企业出现年度亏损时，一般不进行利润分配。

（3）偿债能力约束

偿债能力是企业按时、足额偿付各种到期债务的能力。企业分配利润时应考虑对偿债能力的影响，确定在分配后仍能保持较强的偿债能力，以维持企业的信誉和借贷能力，保证企业正常有序运转。

2. 股东因素

股东出于对控制权、收入和避税的考虑，也会对企业的利润分配政策提出不同的意见。

（1）控制权

企业支付较高的股利会导致留存收益减少，当企业为新投资机会筹集所需资金时，吸收直接投资可能会影响原有股东的控制权。因此，股东会倾向于较低的分红政策，保证有充足的留存收益用于企业运营发展。

（2）稳定的收入

如果股东依赖股利维持生活，就会要求企业能够支付稳定的收益，反对留存过多的利润。还有一些股东认为确定的股利强于未来的转让收益，他们会偏向支付较多股利的

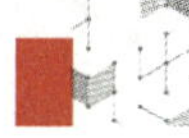

政策。

（3）避税

政府对企业征收所得税以后，还要对自然人股东征收个人所得税。当股利收入的税费可能高于转让股票收益或股权转让的税费时，股东出于避税的考虑，往往倾向于分配较少股利的政策。

3. 营运因素

企业基于短期经营和长期发展的考虑，在确定利润分配政策时，需要关注以下因素：

（1）财务的稳健性

由于会计规范的要求和核算方法的不同，企业盈余与现金流量并非完全同步，净收入的增加不一定意味着可供分配的现金流增加。企业在进行利润分配时，要保证正常的经营活动对现金的需求，以维持资金的正常周转，使生产经营有序进行。

（2）投资的可能性

如果企业处于投资机会多的阶段，对资金的需求量大，那么它就很可能会考虑采取较低股利支付水平的分配政策；相反，如果企业处于投资机会少的阶段，对资金的需求量小，那么它就很可能倾向于采取较高股利支付水平的分配政策。

（3）举债的可行性

如果企业具有较强的举债能力，随时能筹集到所需资金，就意味着企业具备较强的股利分配能力。另外，利用留存收益筹资是企业内部筹资的一种重要方式，和发行新股或举债相比，它不需花费筹资费用，可增加企业权益资本的比重，提高偿债能力。

4. 其他因素

（1）债务契约

一般来说，股利支付水平越高，留存收益越少，企业的破产风险越大，就越有可能损害债权人的利益。债权人为了保证自己的利益，通常都会在借款协议中增加对企业分红政策的限制条款。

（2）通货膨胀

通货膨胀会带来货币购买力水平下降、资产购置价格上升等问题，企业一般会采取偏紧的利润分配政策，留有更多利润，以抵御通货膨胀带来的风险。

四、股利分配理论

股利分配理论是指人们对股利分配的客观规律的科学认识与总结，其核心问题是股利政策与企业价值的关系问题。下面介绍几种流行的股利政策理论。

1. 股利无关论

股利无关论认为股利政策不会对企业的价值或股票的价格产生任何影响，投资者不会关心企业股利的分配。企业市场价值的高低是由盈利水平和市场风险决定的，与企业的利润分配政策无关。

这一理论建立在完全资本市场理论之上，假设条件包括：一是完善的竞争假设，即假设任何一位证券交易者都没有足够的力量通过其交易活动对股票的现行价格产生明显的影响；二是信息完备假设，即假设所有的投资者都可以平等地免费获取影响股票价格的任何信息；三是交易成本为零假设，即假设证券的发行和买卖等交易活动不存在经纪人费用、交易税和其他交易成本，也不存在任何企业所得税或个人所得税；四是理性投资者假设，即假设每个投资者都是财富最大化的追求者。

股利无关论以多种假设为前提，但在现实生活中，这些假设并不存在，该理论主要具有理论价值。

2. 股利相关理论

股利相关理论认为，企业的股利政策会影响股票价格和企业价值，具体主要有以下几种：

（1）“手中鸟”理论

“手中鸟”来源于谚语“双鸟在林，不如一鸟在手”。该理论认为，由于用留存收益再投资在收益上具有较大的不确定性，并且风险将随着时间的延长而增大，所以厌恶风险的投资者情愿目前收到较少的股利，也不愿意拥有未来不确定的资本利得。该理论认为，企业的股利政策与企业的股票价格是密切相关的，即当企业支付较高的股利时，企业的股票价格会随之上升，企业价值将得到提高。

（2）信号传递理论

该理论认为，在信息不对称的情况下，企业可以通过股利政策向市场传递有关企业未来获利能力的信息，从而影响企业的股价。一般来讲，预期未来获利能力强的企业，往往愿意通过相对较高的股利支付水平吸引更多的投资者。对投资者来讲，股利政策的差异或许是反映企业预期获利能力的有价值的信号。如果企业连续保持较为稳定的股利支付水平，那么，投资者就可能对企业未来的盈利能力与现金流量抱有乐观的预期，更愿意把资本投放到该企业，促进企业价值和股价的上升；如果企业的股利支付水平突然发生变动，投资者就会对该企业未来的盈利能力与发展能力持悲观的态度，投资者更倾向于把资本撤走，引发该企业价值和股价的下跌。信号传递理论的核心内容是企业的股利政策直接影响着企业的价值和股价。

（3）所得税差异理论

该理论认为，由于普遍存在的税率以及纳税时间的差异，企业选择不同的股利支付方式，不仅会对企业的市场价值产生不同的影响，而且会使企业及个人的税负出现差异。投资者更偏好于能使其投资收益最大化的股利政策。就目前的税收政策看，获得转让股票收益涉及的所得税税率较低，而获得股利收入的所得税税率较高，因此，

支付股利水平较低的政策更有助于实现投资者收益最大化的目标。除此之外，由于投资者对转让股票收益纳税时间的选择更具有弹性，所以投资者还可以享受延迟纳税带来的收益差异。

（4）代理理论

该理论认为，股利政策有助于缓解管理者与股东之间的冲突，即股利的支付能够有效地降低代理成本，股利政策是协调股东与管理者之间代理关系的一种约束机制。股利政策的作用主要体现在以下两个方面：一是股利的支付减少了管理者的自由现金流量，这在一定程度上可以抑制企业管理者的过度投资或在职消费行为，从而保护外部投资者的利益；二是较多的现金股利发放减少了内部融资，导致企业进入资本市场寻求外部融资，企业因而将接受资本市场上更多、更严格的监督，这样便通过资本市场的监督减少了代理成本。理想的股利政策应当使代理成本和外部融资成本两种成本之和最小。

五、股利分配政策

股利分配政策是指在法律允许的范围内，企业是否发放股利、发放多少股利以及何时发放股利的方针及办法。股利分配政策既要保持相对稳定，又要符合企业财务目标和发展目标。股利分配政策关系到企业在市场上、在投资者中间的形象，成功的股利分配政策有利于提高企业的市场价值。在实际工作中，通常有以下几种股利分配政策可供选择：

1. 剩余股利政策

剩余股利政策是指企业在有良好的投资机会时，根据目标资本结构测算出投资所需的权益资本额，先从盈余中留用，然后将剩余的盈余作为股利来分配的政策。采用剩余股利政策时，企业要遵循四个步骤，如图 7-4 所示。

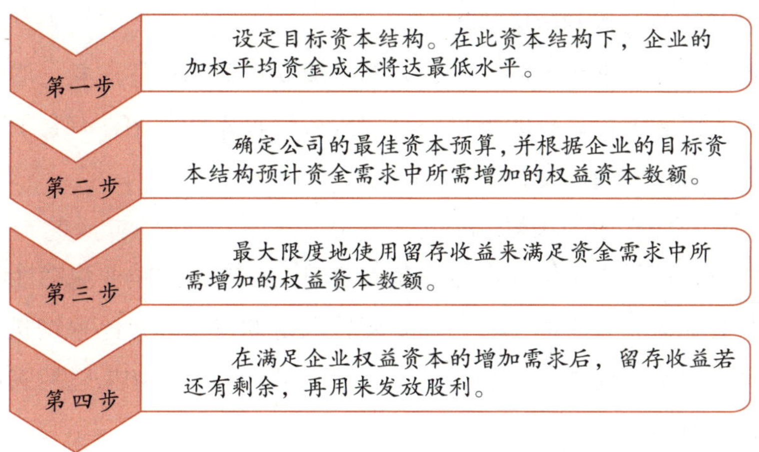

图 7-4　剩余股利政策的四个步骤

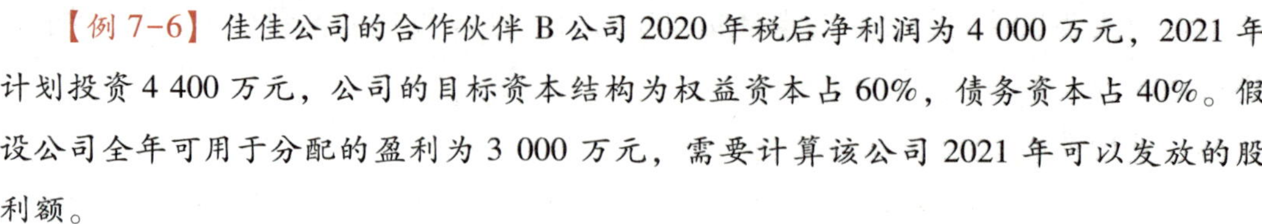
【例 7-6】佳佳公司的合作伙伴 B 公司 2020 年税后净利润为 4 000 万元，2021 年计划投资 4 400 万元，公司的目标资本结构为权益资本占 60%，债务资本占 40%。假设公司全年可用于分配的盈利为 3 000 万元，需要计算该公司 2021 年可以发放的股利额。

按照目标资本结构的要求，B 公司投资方案所需的权益资本数额为：

权益资本数额 = 4 400×60% = 2 640（万元）

B 公司剩余可以发放的股利额为：

可以发放的股利额 = 3 000−2 640 = 360（万元）

（1）剩余股利政策的优点

留存收益优先满足再投资的需要，有助于降低再投资的资金成本，保持最佳的资本结构，实现企业价值的长期最大化。

（2）剩余股利政策的缺点

若完全执行剩余股利政策，股利发放额就会每年随着投资机会和盈利水平的波动而波动。在盈利水平不变的前提下，股利发放额与投资机会反方向变动；在投资机会维持不变的情况下，股利发放额将与企业盈利同方向变动。剩余股利政策不利于投资者安排收入与支出，也不利于企业树立良好的形象，一般适用于企业初创阶段。

2. 固定或稳定增长的股利政策

固定或稳定增长的股利政策是指企业将每年派发的股利额固定在某一特定水平，或是在此基础上维持某一固定比率逐年稳定增长的政策。这种政策下，企业应首先确定股利分配额，而且该分配额一般不随资金需求的波动而波动。

（1）固定或稳定增长股利政策的优点

该政策传递了企业正常发展的信息，有利于树立企业的良好形象，增强投资者对企业的信心，稳定股票的价格；有助于投资者安排股利收入和支出，有利于吸引那些打算长期投资并对股利有很高依赖性的股东。

（2）固定或稳定增长股利政策的缺点

实行该政策时，股利的支付与企业的盈利脱节，没有考虑企业流动性与内部积累资金的要求，尤其是在盈利较少的年份，还要支付固定的或按固定比率增长的股利，这可能会导致企业资金紧缺，财务状况恶化。在企业无利可分时，如果坚持实施该政策，属于违反相关法律的行为。

因此，采用固定或稳定增长的股利政策，要求企业对未来的赢利和支付能力能做出准确判断。一般来说，企业确定的固定股利额不宜太高，以免后期陷入无力支付的被动

局面，企业只有在确信未来盈余不会发生逆转时才会宣布实施这种股利政策。

3. 固定股利支付率政策

固定股利支付率政策是指企业按某一固定百分比从每年的净利润中提取一部分作为股利分配给股东的政策，这一百分比通常称为股利支付率。股利支付率一经确定，一般不得随意变更。在这一股利政策下，只要企业的税后利润一经计算确定，所派发的股利也就相应确定了。固定股利支付率越高，企业留存的净利润越少。

（1）固定股利支付率政策的优点

该政策使股利与企业盈余紧密地配合，体现了“多盈多分、少盈少分、无盈不分”的股利分配原则。企业每年按固定的比例从税后利润中支付现金股利，从诚信角度看，这是一种稳定的股利政策。

（2）固定股利支付率政策的缺点

大多数企业每年的收益很难保持稳定不变，如果各年度的股利额波动较大，会对企业形象和股价产生不良影响。企业实现的盈利并不代表企业拥有足够的现金来支付较多的股利，财务支付压力会比较大。

4. 低正常股利加额外股利政策

低正常股利加额外股利政策是指企业事先设定一个较低的正常股利额，每年除了按正常股利额向股东发放股利外，还在企业盈余较多、资金较为充裕的年份向股东发放额外股利的政策。

（1）低正常股利加额外股利政策的优点

这种政策灵活性好，使企业在股利发放上留有余地，具有较大的财务弹性。股东每年至少可以获得较低但比较稳定的股利收入，可保持一些股东的稳定性。

（2）低正常股利加额外股利政策的缺点

企业盈利的波动会导致额外股利不断变化，容易给投资者造成收益不稳定的感觉。如果企业较长时间持续发放额外股利，那么这些额外股利可能会被误认为“正常股利”。额外股利一旦取消，投资者可能会误认为企业财务状况恶化，进而股价和企业形象会受到不利影响。

相对来说，对那些盈利随着经济周期产生较大波动的企业或者盈利与现金流量很不稳定的企业，低正常股利加额外股利政策也许是一种不错的选择。

股利分配政策应与企业发展阶段相匹配，企业应根据不同发展阶段采取适用的股利分配政策，具体见表 7-4。

表 7-4　股利分配政策的适用情况

企业发展阶段	特点	适用的股利分配政策
初创阶段	企业经营风险高，融资能力差	剩余股利政策

续表

企业发展阶段	特点	适用的股利分配政策
高速发展阶段	企业产品销量急剧上升，企业需要进行大规模的投资	低正常股利加额外股利政策
稳定增长阶段	企业销售收入稳定增长，市场竞争力增强，行业地位已经巩固；企业投资需求减少，净现金流入量稳定增加，每股净利呈上升态势	固定或稳定增长的股利政策
成熟阶段	市场趋于饱和，企业销售收入难以增长，但盈利水平稳定，企业通常已积累了相当的盈余和资金	固定股利支付率政策
衰退期	企业销售收入锐减，利润严重下降，股利支付能力下降	剩余股利政策

六、股利发放形式

常见的股利发放形式主要有发放现金股利和发放股票股利。

1. 现金股利

现金股利是以现金支付的股利，在股利发放中最为常见。企业选择发放现金股利除了要有足够的留存收益外，还要有足够的现金，而现金充足与否往往会成为企业发放现金股利的主要制约因素。

2. 股票股利

股票股利是企业以增发股票的方式支付的股利。对企业来说，发放股票股利并没有使现金流出企业，也不会导致企业的财产减少，而只是将企业的未分配利润转化为股本和资本公积。但股票股利会增加流通在外的股票数量，同时降低股票的每股价值。它不改变企业股东权益总额，但会改变股东权益的构成。

企业股利的发放必须遵守相关的要求，按照日程安排来进行。一般情况下，先由董事会提出分配预案，然后将预案提交股东大会审议，股东大会审议通过才能进行分配。股东大会审议通过分配预案后，要向股东宣布发放股利的方案（当天称为股利宣告日），并确定股权登记日、除息日和股利发放日。

股权登记日即有权领取本期股利的股东资格登记截止日期。凡是在此指定日期收盘之前取得企业股票并成为企业在册股东的投资者，都可以作为股东享受企业本期分配的股利。在这一天之后取得股票的股东则无权领取本次分配的股利。

除息日即领取股利的权利与股票分离的日期。在除息日之前购买股票的股东才能领取本次股利，而在除息日当天或是以后购买股票的股东，则不能领取本次股利。由于失去了“收息”的权利，除息日的股票价格会下跌。除息日是股权登记的下一个交易日。

股利发放日即企业按照公布的方案向在股权登记日登记在册的股东实际支付股利的日期。

【例 7-7】2018 年某公司股票在上交所主板挂牌交易。2021 年 4 月 10 日，公司公布 2020 年度的最后分红方案，其公告如下："4 月 9 日在北京召开的股东大会，通过了董事会关于每 10 股派发现金红利人民币 1.30 元的 2020 年利润分配方案。股权登记日为 5 月 7 日，除息日为 5 月 8 日，现金红利的发放日是 5 月 15 日，现金红利委托公司的上海分公司通过其资金清算系统向股权登记日上海证券交易所收市后登记在册的股东派发。特此公告。"上述股利发放日程如图 7-5 所示。

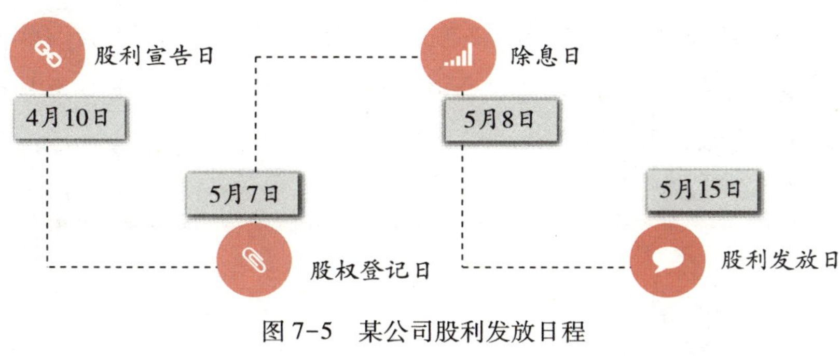

图 7-5　某公司股利发放日程

思考与练习

一、简答题

1. 定性分析法具体有哪些？销售收入预测的定性分析法主要在什么情况下使用？

2. 简述企业利润分配的顺序。

二、计算分析题

1. 某公司 2015 年—2020 年销售量资料见表 7-5。

表 7-5　某公司 2015 年—2020 年销售量资料

年度	2015 年	2016 年	2017 年	2018 年	2019 年	2020 年
销售量（件）	6 020	6 140	6 200	6 000	6 520	6 650
权数	0.1	0.12	0.16	0.19	0.21	0.22

请根据以上资料，分别用算术平均法和加权平均法预测该公司 2021 年的销售量。

2. 某公司生产摩托车，设计年生产能力为5万辆。按照正常的市场销售量，公司计划2021年生产4万辆，预计单位变动成本为1 510元/辆，计划期的固定成本总额为2 600万元，该产品适用的消费税税率为10%。公司管理层要求该摩托车成本利润率必须达到25%，决定采用以成本为基础的定价方法定价。假设该公司当年接到一额外订单，订购8 000辆摩托车，单价是2 500元/辆。该公司是否应该接受这一额外订单？为什么？

3. 某股份有限公司长期以来采用固定股利支付率政策进行股利分配，确定的股利支付率为20%。该公司2019年的税后利润为1 000万元，则该公司2019年将要发放的现金股利是多少？

4. 某公司采用剩余股利政策分配股利。该公司2020年税后利润为500万元，2021年有一个投资项目需要资金300万元，公司的目标资本结构为债务资本与权益资本之比为2∶3，则2021年该公司可以发放的现金股利是多少？

第八章 财务分析

学习目标

1. 了解财务分析的概念、基本程序和常用方法。
2. 理解财务分析的主要内容。
3. 掌握偿债能力指标、营运能力指标、盈利能力指标和发展能力指标的计算方法。
4. 能运用杜邦分析法进行财务综合分析。

财务分析是通过对财务报表有关项目进行对比，来揭示企业财务状况的一种方法。财务分析主要包括偿债能力分析、营运能力分析、盈利能力分析和发展能力分析。

思维导图

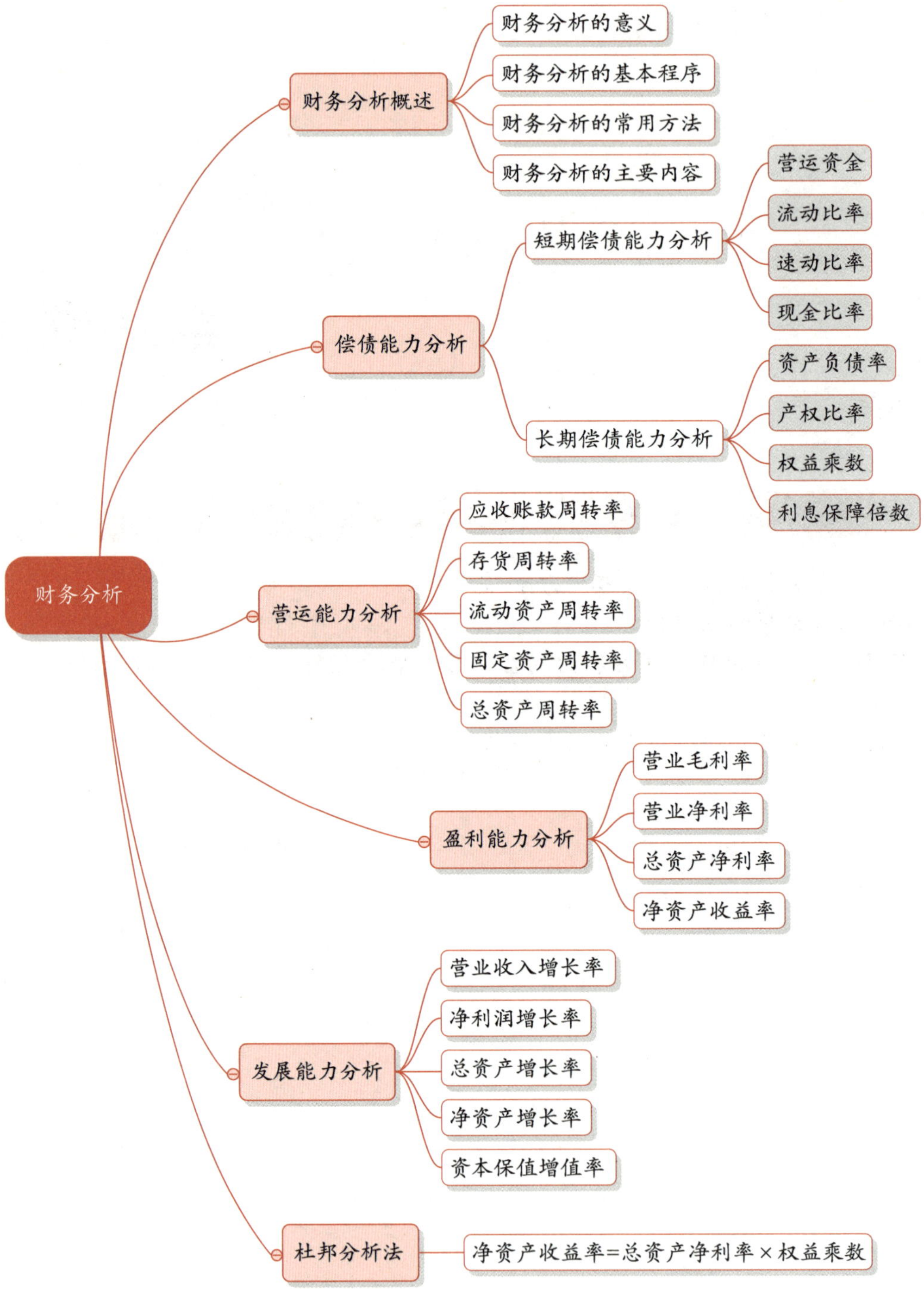

- 财务分析
  - 财务分析概述
    - 财务分析的意义
    - 财务分析的基本程序
    - 财务分析的常用方法
    - 财务分析的主要内容
  - 偿债能力分析
    - 短期偿债能力分析
      - 营运资金
      - 流动比率
      - 速动比率
      - 现金比率
    - 长期偿债能力分析
      - 资产负债率
      - 产权比率
      - 权益乘数
      - 利息保障倍数
  - 营运能力分析
    - 应收账款周转率
    - 存货周转率
    - 流动资产周转率
    - 固定资产周转率
    - 总资产周转率
  - 盈利能力分析
    - 营业毛利率
    - 营业净利率
    - 总资产净利率
    - 净资产收益率
  - 发展能力分析
    - 营业收入增长率
    - 净利润增长率
    - 总资产增长率
    - 净资产增长率
    - 资本保值增值率
  - 杜邦分析法
    - 净资产收益率=总资产净利率×权益乘数

第一节 财务分析概述

【情境导入】

佳佳公司每月的生产经营会议上，李总都会对公司的资产负债表、利润表和现金流量表进行详尽的分析。

董事长提出可以并购一些上下游公司，实现业务领域多元化。李总表示，如果要进行企业并购，就要对并购对象进行详细分析，包括其所处行业情况、公司治理能力、业务发展水平等，不仅要理解它们在报表数据中反映出的情况，还要挖掘报表背后的数据关系和内在逻辑，尤其是公司的盈利能力、偿债风险、营运能力等。

一、财务分析的意义

财务分析是根据企业财务报表等信息资料，采用专门方法系统分析和评价企业财务状况、经营成果及未来发展趋势的过程。财务分析具有重要意义，主要体现在以下几个方面：

1. 有利于改善经营管理

财务分析为管理者提供经营决策信息，有利于改善经营管理。企业不仅要了解市场信息、政商环境等影响企业发展的外部因素，还要客观、全面地掌握企业自身的具体经营发展情况，才能在市场经济中运筹帷幄。

2. 有利于投资决策

财务分析能够为投资者和债权人提供信息，有利于投资决策。企业投资者和债权人都十分关心企业的财务状况和经营情况。投资者是为了提高投资收益，进行正确投资决策；债权人是为了按时收回贷款本息或货款，避免出现呆账或坏账。财务分析能帮助人们判断企业的偿债能力、盈利能力等，有利于投资者进行科学决策，为债权人提供信用支持。

3. 有利于国家实施宏观调控，规范企业经营行为

财务分析为税务机关加强税收管理提供数据支持，有利于国家实施宏观调控，规范企业经营行为。国家一方面要促进企业经营发展，提高企业经营收益，另一方面还需要保证财政收入，监督企业遵纪守法。

二、财务分析的基本程序

财务分析是一项复杂的工作，要按照科学程序进行，其基本程序如图 8-1 所示。

1. 明确财务分析的目的

财务分析的目的有很多，或是评价偿债能力，或是评估资产管理能力，或是评估发

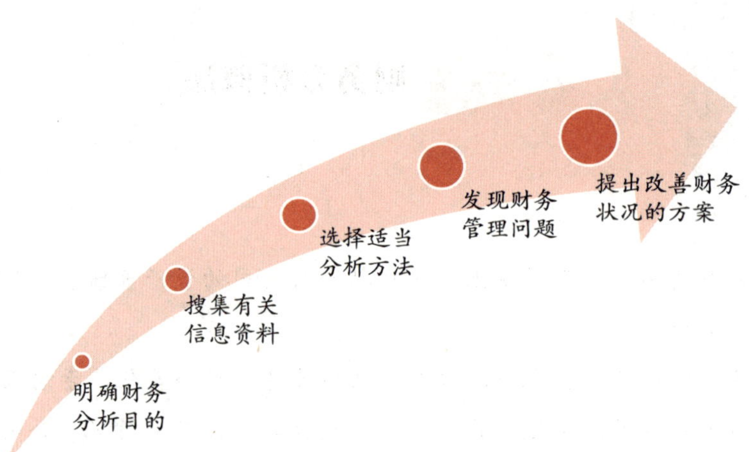

图 8-1　财务分析的基本程序

展能力，也可以多种目的同时存在。财务分析的具体目的决定了要搜集多少信息、哪类信息以及采用何种方法搜集。

2. 搜集有关信息资料

财务分析的主要资料不仅包括财务报表，还应包括企业产供销、人力、管理等方面的资料以及金融、财税方面的相关信息。

3. 选择适当的分析方法

常见的财务分析方法有比较分析法、比率分析法等，灵活运用这些方法可以更好地达到财务分析的目的。

4. 发现财务管理中的问题

经过分析，人们可以发现企业财务管理存在的问题。对一些重大问题要进行更加细致深入的分析，找出原因，以便制定解决方案。

5. 提出改善财务状况的方案

财务分析的最终目的是为财务决策提供依据。在发现问题的基础上，提出改善财务状况的方案才能实现企业财务管理目标。

三、财务分析的常用方法

财务分析的方法很多，常用的有比较分析法、比率分析法和因素分析法。

1. 比较分析法

比较分析法是指对两个或两个以上的可比数据进行比较，揭示企业财务状况差异的一种方法。在财务分析中，比较分析法主要用于对重要财务指标、会计报表主要项目等内容进行比较分析，是最基本的财务分析方法。

财务分析中常用的比较分析法是趋势分析法。趋势分析法是通过对比两期或连续数期财务报告中的相同指标，分析其增减变动的方向、数额和幅度，来说明企业财务状况

或经营成果变动趋势的一种方法，其主要形式有定基动态比和环比动态比。采用趋势分析法可以分析引起变化的主要原因、变动的性质，并预测企业未来的发展趋势。

2. 比率分析法

比率分析法是通过计算各种比率指标来解释企业财务状况和经营成果的方法。比率指标主要有构成比率、效率比率和相关比率三类。

（1）构成比率

构成比率又称结构比率，是某项财务指标各组成部分数值占总体数值的百分比，它反映了部分与总体的关系，如将流动资产与总资产相比得到的流动资产率。

（2）效率比率

效率比率是某项财务活动中的费用与所得的比率，它反映了投入与产出的关系，如将净利润与资金总额相比得到的投资报酬率。利用效率比率指标可以进行得失比较，考察经营成果，评价经济效益。

（3）相关比率

相关比率是将某个项目与相关项目加以对比所得的比率，它反映了有关经济活动的相互关系，如将流动资产与流动负债相比得到的流动比率。

采用比率分析法时，应当注意对比项目的相关性、对比口径的一致性、衡量标准的科学性。

3. 因素分析法

因素分析法是依据分析指标与其影响因素的关系，从数量上确定各因素对分析指标影响方向和影响程度的一种方法。常见的因素分析法有连环替代法和差额分析法。

（1）连环替代法

采用连环替代法时，要将分析指标分解为可以计量的因素，并根据各个因素之间的关系，依次用各因素的比较值（通常为实际值）替代基准值（通常为标准值或计划值），据以计算各因素对分析指标的影响。

（2）差额分析法

差额分析法是连环替代法的一种简化形式，是利用各个因素的比较值与基准值之间的差额，计算各因素对分析指标的影响。

运用因素分析法时要注意，构成经济指标的因素必须在客观上存在着因果关系，并能够反映形成该项指标差异的内在构成原因，否则就失去了应用价值。

四、财务分析的主要内容

财务分析的主要内容要视财务报表的使用者而定，具体见表 8-1。

不同利益主体进行财务分析的侧重点不同，但总的来看，企业财务分析一般应包括对偿债能力、营运能力、盈利能力和发展能力的分析。

表 8-1　财务分析的主要内容

报表使用者	主要目的	侧重分析内容
所有者	投资考察 业绩考察 决定股利分配政策	盈利能力 资本保值增值能力 市场竞争力 筹资能力
管理者	促进企业运营发展 协调企业不同利益主体的关系	营运能力 偿债能力 盈利能力及发展能力 抗风险能力
债权人	考察举债能力	借款报酬和风险 流动资金状况 盈利能力
供应商	考察供应状况 考察信用状况	销售状况 信用状况
政府相关部门	了解纳税状况 了解职工薪酬状况 了解就业、社会保障状况 了解守法状况	资金使用效率 遵纪守法情况 社会贡献能力

第二节　偿债能力分析

【情境导入】

佳佳公司近期与一个国际知名品牌洽谈合作成功，完成了签约工作。李总同步和银行沟通了这项业务，并要求小陈把这份合同发给银行。这样做既证明了公司的偿债能力，又加强了和银行的关系。

偿债能力是指企业偿还其债务（包括本金和利息）的能力，也揭示了企业财务风险的大小。企业的投资者、经营者、债权人都非常重视对偿债能力的分析。

债务一般分为短期债务和长期债务，偿债能力分析也分为短期偿债能力分析和长期偿债能力分析，具体分析指标见表 8-2。

表 8-2　偿债能力分析指标

指标名称		计算公式
短期偿债能力分析指标	营运资金	营运资金=流动资产-流动负债
	流动比率	$流动比率=\frac{流动资产}{流动负债}$

续表

指标名称		计算公式
短期偿债能力分析指标	速动比率	$速动比率=\frac{速动资产}{流动负债}$
	现金比率	$现金比率=\frac{可立即动用的资金}{流动负债}$
长期偿债能力分析指标	资产负债率	$资产负债率=\frac{负债总额}{资产总额}$
	产权比率	$产权比率=\frac{负债总额}{所有者权益总额}$
	权益乘数	$权益乘数=\frac{资产总额}{所有者权益总额}$
	利息保障倍数	$利息保障倍数=\frac{息税前利润}{利息费用}$

一、短期偿债能力分析

短期偿债能力衡量的是企业偿还短期债务的能力，具体分析指标主要有营运资金、流动比率、速动比率和现金比率。

1. 营运资金

营运资金是流动资产与流动负债的差额。该指标数值越大，说明企业短期偿债能力越强。如果该指标为负数，则说明企业出现偿债风险。

【例 8-1】佳佳公司 2021 年的资产负债表（简表）、利润表（简表）分别见表 8-3、表 8-4。

表 8-3 佳佳公司资产负债表（简表）

编制单位：佳佳公司　　2021 年 12 月 31 日　　单位：万元

资产	年末余额	年初余额	负债和所有者权益	年末余额	年初余额
流动资产：			流动负债：		
货币资金	180	130	短期借款	200	150
交易性金融资产	80	60	应付账款	100	124
应收票据	75	60	流动负债合计	300	274
应收账款	135	150	非流动负债：		
预付款项	20	25	长期借款	616	612

续表

资产	年末余额	年初余额	负债和所有者权益	年末余额	年初余额
存货	160	170	非流动负债合计	616	612
流动资产合计	650	595	负债合计	916	886
非流动资产：			所有者权益：		
长期应收款	30		实收资本	800	800
固定资产	1 250	1 200	资本公积	50	50
在建工程	100	180	盈余公积	170	165
无形资产	260	240	未分配利润	354	314
非流动资产合计	1 640	1 620	所有者权益合计	1 374	1 329
资产总计	2 290	2 215	负债和所有者权益总计	2 290	2 215

表 8-4 佳佳公司利润表（简表）

编制单位：佳佳公司　　2021 年度　　单位：万元

项目	本年金额	上年金额
一、营业收入	1 600	1 450
减：营业成本	1 000	900
税金及附加	180	160
销售费用	160	155
管理费用	141	145
财务费用	20	18
二、营业利润	99	72
加：营业外收入	5	3
减：营业外支出	4	5
三、利润总额	100	70
减：所得税费用	25	17. 5
四、净利润	75	52. 5

根据表 8-3 中的数据，佳佳公司上年年末营运资金是：

上年年末营运资金=595-274=321（万元）

本年年末营运资金是：

本年年末营运资金=650-300=350（万元）

计算结果显示，佳佳公司的营运资金大于流动负债，说明该公司的流动资产能够偿还流动负债，短期偿债能力较强。

2. 流动比率

流动比率是流动资产与流动负债之比。流动比率代表能在短期内转化为现金的资产对应偿还负债的一种保障程度，即表明每1元流动负债有多少流动资产作为保障。

流动比率越大表示短期偿债能力越强。根据经验，流动比率为2较好。流动比率太低，说明企业短期偿债能力差；流动比率太高，说明企业的现金、存货等流动资产有利用不足的问题。

【例8-2】根据表8-3中的数据，佳佳公司2020年年末的流动比率是：

流动比率＝650÷300≈2.17

计算结果表明，佳佳公司每1元流动负债有2.17元的流动资产作为保障，流动比率接近经验值2，处于正常范围。

3. 速动比率

速动比率是企业速动资产与流动负债之比，表明每1元流动负债有多少速动资产作为偿债保障。

构成流动资产各项目的流动性差别很大。其中货币资金、交易性金融资产和各种应收账款可以在较短时间内变现，称为速动资产。存货、预付款项、一年内到期的非流动资产及其他流动资产变现能力较弱，属于非速动资产。因为剔除了存货等变现能力较差的资产，所以速动比率比流动比率能更准确、可靠地反映企业资产的流动性及偿还短期债务的能力。根据经验，速动比率为1较好。

一般情况下，速动比率越大，企业短期偿债能力越强。速动比率过低，企业面临偿债风险；速动比率过高，会因占用现金及应收账款过多而增加企业的机会成本。

【例8-3】根据表8-3中的数据，佳佳公司2021年年末的速动比率是：

速动资产＝180+80+75+135+20＝490（万元）

速动比率＝490÷300≈1.63

计算结果表明，佳佳公司每1元流动负债有1.63元的速动资产作为保障，速动比率接近经验值1，偿债能力处于正常范围。

使用该指标时应考虑行业的差异性，不能一概而论。例如，一些企业大量使用现金结算，其速动比率低于1属于正常现象。一些企业的应收账款金额存在着季节性波动，不可只根据某时点计算的速动比率判断企业短期偿债能力。

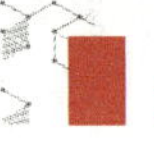

4. 现金比率

现金资产包括货币资金和交易性金融资产等。现金资产可直接用于偿还债务，是流动性最强的资产。现金比率是由经营活动产生的现金流量净额与流动负债之比，表明每 1 元流动负债有多少现金资产作为偿债保障。

现金比率过高意味着企业拥有过多的盈利能力较低的现金资产，从而影响企业的盈利能力。经验表明，0.2 的现金比率较佳。

【例 8-4】根据表 8-3 中的数据，佳佳公司 2021 年年末的现金比率是：

现金比率＝(180+80+75)÷300≈1.12

计算结果表明，佳佳公司的现金比率远高于标准，企业需要合理安排营运资金。

二、长期偿债能力分析

长期偿债能力是指企业偿还长期债务的能力。企业长期偿债能力与企业的资本结构和获利水平有很大关系，主要指标有资产负债率、产权比率、权益乘数和利息保障倍数。

1. 资产负债率

资产负债率是企业负债总额与资产总额之比。资产负债率反映了总资产中有多少是通过负债取得的，即资产对负债的保障程度。资产负债率过高表明企业承担较大的财务风险。资产负债率较低，表明企业资产对负债的保障能力较强，企业的长期偿债能力较强，但也意味着企业可能没有充分发挥财务杠杆的作用。

主体不同，看待该指标的立场也不同，债权人希望企业有较低的资产负债率，而投资人可能会倾向较高的资产负债率。经验表明：资产负债率高于 50%，说明企业资产来源主要是负债，财务风险较大；资产负债率低于 50%，说明企业资产的主要来源是所有者权益，财务状况比较稳健。

【例 8-5】根据表 8-3 中的数据，佳佳公司 2021 年的资产负债率是：

年初资产负债率＝886÷2 215×100%＝40%

年末资产负债率＝916÷2 290×100%＝40%

公司年初资产负债率和年末资产负债率保持不变，表明佳佳公司可能采取了相关措施，实现了更佳的效益。

2. 产权比率

产权比率又称负债权益比率，是负债总额与所有者权益总额之比。产权比率反映了

债权人提供资本与所有者提供资本的相对关系，反映了债权人资本受所有者权益保障的程度，是衡量企业财务结构稳健程度的重要指标。一般来说，这一比率越低，表明企业长期偿债能力越强，债权人权益受保障程度越高。如果该比率过高，表明企业长期偿债能力偏弱，债权人的权益就不安全。实践表明，该指标的评价标准一般小于1。

【例 8-6】根据表 8-3 中的数据，佳佳公司 2021 年年末的产权比率是：

产权比率=916÷1 374×100%≈66.67%

计算结果显示，佳佳公司的产权比率较低，说明公司的长期偿债能力较强，债权人权益受保障程度较高。

3. 权益乘数

权益乘数是资产总额与所有者权益总额的比值。权益乘数表明股东每投入1元钱可实际拥有和控制的资产金额。企业负债比率越高，权益乘数越大。

【例 8-7】根据表 8-3 中的资料，佳佳公司 2021 年年末的权益乘数是：

权益乘数=2 290÷1 374≈1.67

4. 利息保障倍数

利息保障倍数是企业息税前利润与利息费用之比。其中，利息费用是指本期发生的全部应付利息，不仅包括财务费用中的利息费用，还应包括计入固定资产成本的资本化利息。

利息保障倍数反映支付利息的利润来源（息税前利润）与利息支出之间的关系。利息保障倍数至少要大于1，即息税前利润至少要大于应付利息，企业才具有偿还债务利息的可能性。该比率越高表明企业长期偿债能力越强，比率过小表明企业的偿债稳定性和安全性过低。经验表明，该项指标一般以3~5较为合适。

【例 8-8】根据表 8-4 中的资料，假设表中财务费用全部为利息费用，资本化利息为0，则佳佳公司的利息保障倍数是：

上年利息保障倍数=(52.5+17.5+18)÷18≈4.89

本年利息保障倍数=(75+20+25)÷20=6

计算结果显示，佳佳公司的利息保障倍数增大，说明企业支付利息的能力增强，长期偿债能力有所上升。

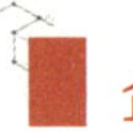

以上比率都是反映企业偿债能力的主要指标，在进行具体分析时，要注意几个问题：一是指标中的资产总额都是指资产净值总额；二是从发展的眼光看，企业的偿债能力与盈利能力关系密切，判断企业长期偿债能力时应结合盈利能力指标一起分析；三是要考虑企业担保责任、长期租赁等因素对长期偿债能力的影响。

第三节 营运能力分析

【情境导入】

佳佳公司每个月财务报表出台后，李总都会据此与各部门主要负责人研究分析公司的经营状况。他认为，财务部应该为每个部门提供好数据服务，加强公司经营监督、管理和考核等工作，这样能为公司创造更多的价值。

那么，李总如何通过财务报表中的数据分析公司的经营情况呢？

营运能力指企业的资产运用效率，反映的是企业经营管理、运用资金的能力。一般而言，资金周转速度越快，说明企业用较少的投入可获得更多的收益，企业的资金管理水平和资金利用效率较高。企业营运能力分析指标主要包括应收账款周转率、存货周转率、流动资产周转率、固定资产周转率、总资产周转率等，具体见表 8-5。

表 8-5 营运能力分析指标

指标名称	计算公式
应收账款周转率（次数）	$\text{应收账款周转率（次数）}=\frac{\text{赊销收入净额}}{\text{应收账款平均余额}}$ $\text{应收账款周转天数}=\frac{360}{\text{应收账款周转次数}}$ 赊销收入净额＝营业收入－现销收入－(销售退回＋销售折让＋销售折扣) $\text{应收账款平均余额}=\frac{\text{期初应收账款余额}+\text{期末应收账款余额}}{2}$
存货周转率（次数）	$\text{存货周转率（次数）}=\frac{\text{营业成本}}{\text{存货平均余额}}$ $\text{存货周转天数}=\frac{360}{\text{存货周转次数}}$ $\text{存货平均余额}=\frac{\text{期初存货余额}+\text{期末存货余额}}{2}$

续表

指标名称	计算公式
流动资产周转率（次数）	$流动资产周转率（次数）=\frac{营业收入}{流动资产平均余额}$ $流动资产周转天数=\frac{360}{流动资产周转次数}$ $流动资产平均余额=\frac{期初流动资产余额+期末流动资产余额}{2}$
固定资产周转率（次数）	$固定资产周转率（次数）=\frac{营业收入}{固定资产平均净值}$ $固定资产周转天数=\frac{360}{固定资产周转次数}$ $固定资产平均净值=\frac{期初固定资产净值+期末固定资产净值}{2}$
总资产周转率（次数）	$总资产周转率（次数）=\frac{营业收入}{资产平均余额}$ $总资产周转天数=\frac{360}{总资产周转次数}$ $总资产平均余额=\frac{期初资产余额+期末资产余额}{2}$

一、应收账款周转率

应收账款周转率（次数）是一定时期内企业赊销收入净额与应收账款平均余额之比，它反映了应收账款周转速度。通常，应收账款周转率越高（或周转天数越短）表明应收账款管理效率越高。当然，周转率过高也有可能限制销售行为，企业需要根据实际情况进行平衡。

二、存货周转率

存货周转率（次数）是一定时期内企业营业成本（销售成本）与存货平均余额之比，它反映了存货流动性及存货资金占用量的合理性，也是评价企业购入存货、投入生产、销售回款等各环节管理效率的综合性指标。正常情况下，存货周转速度越快，存货占用水平越低，说明企业存货利用的能力越强。当然，存货周转过快也有可能是采购过于频繁、经常缺货现象导致。实际工作中，应结合企业相关制度和运行情况进行合理分析。

三、流动资产周转率

流动资产周转率（次数）是企业一定时期营业收入与流动资产平均余额之比。一定时期内，流动资产周转率越高，说明流动资产利用效果越好。

四、固定资产周转率

固定资产周转率（次数）是企业一定时期营业收入与固定资产平均净值之比，是衡

量固定资产利用效率的一项指标。固定资产周转率越高，说明企业投资得当，结构合理，固定资产利用效率越高。当然，由于固定资产更新慢，固定资产周转率过高有可能会影响企业盈利水平和未来的发展。

五、总资产周转率

总资产周转率（次数）是企业营业收入与资产平均余额之比。一般来说，总资产周转率越高，说明企业全部资产的利用效率越高，企业的营运能力越强。

【例 8-9】假设佳佳公司 70%的营业收入是赊销，且大部分应收票据是销售形成的，故将其纳入应收账款周转天数的计算。根据资料分析佳佳公司的营运能力。

根据表 8-3、表 8-4 中的资料，计算如下：

$$应收账款周转次数=\frac{1\ 600\times70\%}{(60+150+75+135)\div2}\approx5.33（次）$$

应收账款周转天数 $=360\div5.33\approx68$（天）

$$存货周转次数=\frac{1\ 000}{(170+160)\div2}\approx6.06（次）$$

存货周转天数 $=360\div6.06\approx59$（天）

$$流动资产周转次数=\frac{1\ 600}{(650+595)\div2}\approx2.57（次）$$

流动资产周转天数 $=360\div2.57\approx140$（天）

$$固定资产周转次数=\frac{1\ 600}{(1\ 200+1\ 250)\div2}\approx1.31（次）$$

$$总资产周转次数=\frac{1\ 600}{(2\ 290+2\ 215)\div2}\approx0.71（次）$$

根据上述计算结果并参照服装行业数据分析，佳佳公司的销售回款和存货周转能力较强，流动资产周转率和固定资产周转率处于中等水平。总体而言，公司营运能力较强。

第四节 盈利能力分析

【情境导入】

每年换季期，很多服装企业为了清理库存，都会按批次大幅降价出售产品。这天，李总收到一份服装换季促销方案，拟对公司过季服装产品进行降价销售，且大部分产品按斤售卖，完全没有考虑利润问题。

那么，李总该如何批复这个方案呢？

盈利能力是企业获取利润的能力，是综合分析企业经营实力和发展能力的重要指标。分析企业盈利能力的主要指标包括营业毛利率、营业净利率、总资产净利率和净资产收益率，见表 8-6。

表 8-6 盈利能力分析指标

指标名称	计算公式
营业毛利率	$营业毛利率=\frac{毛利}{营业收入}=\frac{营业收入-营业成本}{营业收入}$
营业净利率	$营业净利率=\frac{净利润}{营业收入}$
总资产净利率	$总资产净利率=\frac{净利润}{总资产平均余额}=\frac{净利润}{营业收入}\times\frac{营业收入}{总资产平均余额}=营业净利率\times总资产周转率$ $总资产平均余额=\frac{期初资产余额+期末资产余额}{2}$
净资产收益率	$净资产收益率=\frac{净利润}{净资产平均余额}$ $净资产平均余额=\frac{期初净资产余额+期末净资产余额}{2}$

一、营业毛利率

营业毛利率简称毛利率，是毛利与营业收入之比。它表示企业营业收入扣除营业成本后，有多少毛利可以用于支付各类期间费用并形成盈利。毛利率是企业盈利的重要基础。一般来说，营业毛利率越高代表企业产品的盈利能力越强，企业市场竞争力也越强。

【例 8-10】根据表 8-4 中的资料，佳佳公司 2020 年和 2021 年的营业毛利率是：

2020 年营业毛利率 =（1 450−900）÷1 450×100% ≈37. 93%

2021 年营业毛利率 =（1 600−1 000）÷1 600×100% =37. 5%

二、营业净利率

营业净利率是净利润与营业收入之比，是以营业收入为基础，分析评价企业盈利能力的指标。

营业净利率代表每百元营业收入所能获得的利润，主要用来分析评价企业通过销售赚取利润的能力。该比率越大，则企业的盈利能力越强。

【例 8-11】根据表 8-4 中的资料，佳佳公司 2020 年和 2021 年的营业净利率是：

2020 年营业净利率＝52.5÷1 450×100%≈3.62%

2021 年营业净利率＝75÷1 600×100%≈4.69%

计算结果显示，佳佳公司 2021 年营业净利率比上年有所上升，说明企业盈利能力有所提升。

三、总资产净利率

总资产净利率又称投资报酬率，是净利润与总资产平均余额之比，它可以反映一定期间企业利用整体资产获取收益的能力。它是企业重要的综合评价指标，也是企业下达经营目标、进行业绩考核的重要手段。总资产净利率越高，说明企业资产的利用效果越好。影响总资产净利率的因素是营业净利率和总资产周转率，企业可以通过提高营业净利率、加快资产周转提高总资产净利率。

四、净资产收益率

净资产收益率又叫权益报酬率，是净利润与净资产平均余额之比。它可以反映企业所有者所投入资本的获利能力，是分析企业盈利能力的核心指标。一般来说，净资产收益率越高，股东和债权人的利益受保障程度越高。如果企业的净资产收益率在一段时间内持续增长，表明企业资本盈利能力稳定提高。改善资产盈利能力和增加企业负债都能提高净资产收益率。

【例 8-12】根据表 8-3、表 8-4 中的资料，2021 年佳佳公司的总资产净利率和净资产收益率是：

总资产净利率＝75÷[(2 215+2 290)÷2]×100%≈3.33%

净资产收益率＝75÷[(1 329+1 374)÷2]×100%≈5.55%

第五节 发展能力分析

【情境导入】

一天，佳佳公司召开股东大会，李总在会上通报了公司年度财务情况，公司总体财务情况良好。股东们对公司的投资工作和经营管理工作给予良好评价，对公司发展充满

了信心。

那么，股东们是如何判断公司有发展潜力的呢？

发展能力也称成长能力，是指企业未来的发展潜力和发展速度。分析企业发展能力的主要财务指标有营业收入增长率、净利润增长率、总资产增长率、净资产增长率、资本保值增值率等，见表 8-7。

表 8-7　发展能力分析指标

指标名称	计算公式
营业收入增长率	$营业收入增长率=\frac{当期营业收入-上期营业收入}{上期营业收入}$
净利润增长率	$净利润增长率=\frac{当期净利润-上期净利润}{上期净利润}$
总资产增长率	$总资产增长率=\frac{当期资产总额-上期资产总额}{上期资产总额}$
净资产增长率	$净资产增长率=\frac{当期净资产-上期净资产}{上期净资产}$
资本保值增值率	$资本保值增值率=\frac{期末所有者权益}{期初所有者权益}$

一、营业收入增长率

营业收入增长率是企业当期营业收入增长额与上期营业收入之比，它是衡量企业销售情况和市场占有率、预测企业经营业务拓展趋势的重要指标。该指标值越高，表明企业营业收入的增长速度越快，企业市场前景越好。当然，在实际分析时应考虑企业历年的销售水平、市场占有情况、行业未来发展趋势及其他影响企业发展的潜在因素，并结合企业前 2~3 年的营业收入进行综合分析判断。

二、净利润增长率

净利润增长率是企业当期净利润增长额与上期净利润总额之比，通过对不同时期净利润的对比，该指标反映出企业净利润的增长情况以及企业的发展趋势和潜力。净利润增长率越高，说明企业的成长性越好，发展能力越强。

三、总资产增长率

总资产增长率是企业当期资产增长额与上期资产总额之比，反映企业本期资产规模的增长情况。该指标反映企业总资产的增长速度及企业规模的发展情况。总资产增长率越高，表明企业一定时期内资产规模扩张的速度越快。分析时，还要关注资产规模扩张的质和量的关系，以及企业的后续发展能力，避免盲目扩张。

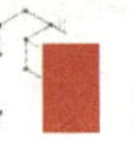

四、净资产增长率

净资产增长率又称资本积累率，是企业当期净资产增长额与上期净资产之比。该指标反映企业净资产的增长速度和企业规模的发展情况。净资产增长率越高，表明企业的资本积累越多，应对风险、可持续发展的能力越强。

五、资本保值增值率

资本保值增值率是指所有者权益的期末总额与期初总额之比。资本保值增值率越高，企业的盈利能力越强，发展能力越好。当然，这一指标的高低除了受企业经营成果的影响外，还受企业利润分配政策影响。

【例 8-13】根据资料分析佳佳公司的发展能力。

根据表 8-3、表 8-4 中的资料，计算如下：

营业收入增长率=(1 600-1 450)÷1 450×100%≈10.34%

公司营业收入增长率达 10%，表明企业本年营业收入增长较快。

总资产增长率=(2 290-2 215)÷2 215×100%≈3.39%

公司总资产增长率为 3.39%，表明企业实现了适度扩张。

净利润增长率=(75-52.5)÷52.5×100%≈42.86%

公司净利润增长率达 42.86%，表明企业成长较快。

资本保值增值率=1 374÷1 329×100%≈103%

第六节 杜邦分析法

【情境导入】

佳佳公司计划收购一家服装企业，李总负责牵头完成尽职调查工作（尽职调查是指在收购过程中收购者对目标企业的资产和负债情况、经营和财务情况、法律关系以及目标企业所面临的机会与潜在的风险进行的一系列调查）。李总安排调查组采用杜邦分析法对该公司的财务和经营情况进行综合分析。

那么，杜邦分析法有何魔力？调查组能顺利完成这项任务吗？

一、杜邦分析法概述

财务分析的最终目的在于全面、准确、客观地揭示与披露企业财务状况和经营情况，并借以对企业经济效益优劣做出合理的评价。财务综合分析的方法有很多，最典型的方

法就是杜邦分析法。

杜邦分析法是美国杜邦公司率先采用的一种方法，又称杜邦财务分析体系，简称杜邦体系，它是利用各主要财务比率指标间的内在联系，对企业财务状况及经济效益进行综合、系统分析评价的一种方法。杜邦分析法以净资产收益率为起点，以总资产净利率和权益乘数为基础，重点揭示企业盈利能力及权益乘数对净资产收益率的影响，以及各相关指标间的相互影响和关系，具体如图 8-2 所示。

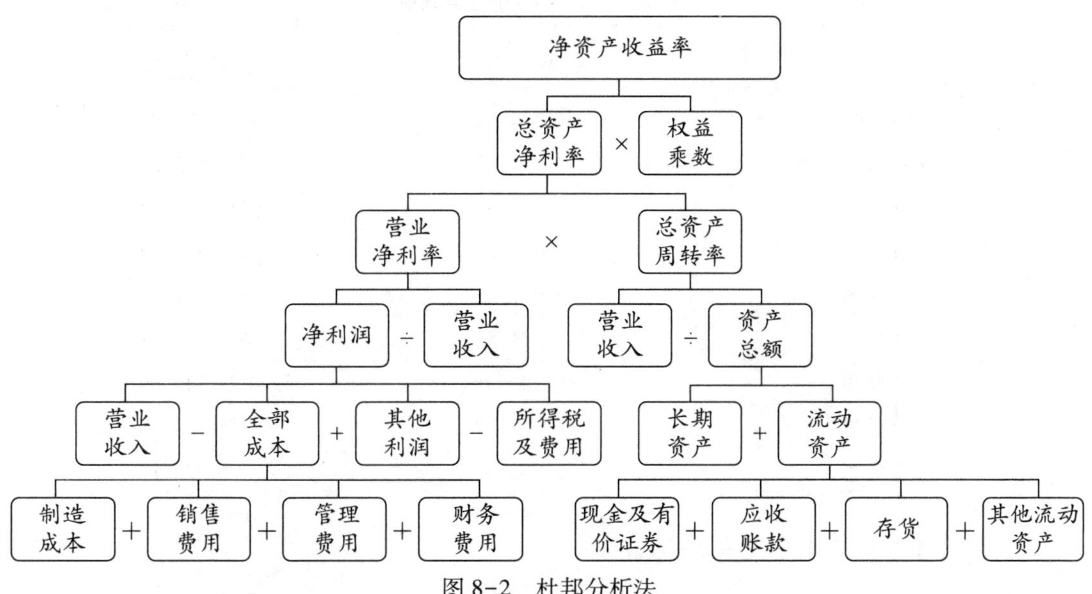

图 8-2 杜邦分析法

注：销售费用即营业费用，图中有关资产、负债与权益指标通常用平均值计算。

杜邦分析法的分析关系式为：

净资产收益率=营业净利率×总资产周转率×权益乘数=总资产净利率×权益乘数

杜邦分析法把有关财务指标以系统分析图的形式联系在一起，通过指标体系图可以了解以下问题：

第一，净资产收益率是一个综合性很强的财务分析指标，是杜邦体系的核心。净资产收益率反映企业筹资、投资、资产营运等各项财务管理活动的效率，不断提高净资产收益率是使所有者权益最大化的基本保证。

第二，营业净利率反映了企业净利润与营业收入的关系。要提高营业净利率，必须增加营业收入，降低成本费用。成本费用由一系列具体项目构成，通过对这些具体项目的分析，人们能够了解企业净利润变动的原因。

第三，影响总资产周转率的一个重要因素是资产总额。通过分析总资产的构成和周转情况，人们能够发现资产管理中存在的问题。

第四，所有者权益和负债共同组成企业总资产。通过分析资本结构，人们能够了解企业的资本结构是否合理，财务风险是否可控，从而及时发现筹资存在的问题。

二、杜邦分析法的应用

杜邦分析法在应用过程中紧密围绕净资产收益率展开。以下结合几个例子介绍杜邦分析法的应用。

【例 8-14】某公司部分财务数据见表 8-8，分析该公司净资产收益率变化的原因。

表 8-8 某公司部分财务数据 单位：万元

财务指标 \ 年度	2019 年	2020 年
净利润	10 284.04	12 653.92
营业收入	411 224.01	757 613.81
平均资产总额	306 222.94	330 580.21
平均负债总额	205 677.07	215 659.54
全部成本	403 967.43	736 747.24
制造费用	373 534.53	684 261.91
销售费用	10 203.05	21 740.96
管理费用	18 667.77	25 718.20
财务费用	1 562.08	5 026.17

该公司部分财务比率见表 8-9。

表 8-9 某公司部分财务比率计算表

财务比率 \ 年度	2019 年	2020 年
净资产收益率	10.25%	11.03%
权益乘数	3.05	2.88
资产负债率	67.2%	65.2%
总资产净利率	3.35%	3.82%
营业净利率	2.5%	1.67%
总资产周转率	1.34	2.29

1. 对净资产收益率的分析

净资产收益率=权益乘数×总资产净利率

2019 年净资产收益率=3.05×3.36%≈10.25%

2020 年净资产收益率=2.88×3.83%≈11.03%

计算结果显示，该公司的净资产收益率在 2020 年略有提高，而这是资本结构（权益乘数）变动和资产利用效果（总资产净利率）变动两方面共同作用的结果。该公司总资产净利率过低，资产利用效率不高。

2. 对总资产净利率的分析

总资产净利率=营业净利率×总资产周转率

2019 年总资产净利率=2.5%×1.34=3.35%

2020 年总资产净利率=1.67%×2.29≈3.82%

计算结果显示，2020 年该公司的总资产周转率有所提高，这说明资产的利用能力有所提高，但是营业净利率减少，阻碍了总资产净利率的增加。总的来看，总资产净利率还是略有提高，说明公司的盈利能力有所增强。

3. 对营业净利率的分析

营业净利率=净利润÷营业收入

2019 年营业净利率=10 284.04÷411 224.01≈2.5%

2020 年营业净利率=12 653.92÷757 613.81≈1.67%

计算结果显示，虽然该公司 2020 年营业收入提高了很多，但是净利润的增长幅度却很小，营业净利率反而是下降的。

4. 对成本的分析

成本=制造费用+销售费用+管理费用+财务费用

2019 年成本=373 534.53+10 203.05+18 667.77+1 562.08=403 967.43（元）

2020 年成本=684 261.91+21 740.96+25 718.20+5 026.17=736 747.24（元）

计算结果显示，该公司净资产收益率小的主要原因是成本太高，成本增加比例与营业收入增加比例大致相当，边际贡献不大，净利润增长受限，可判断该公司的盈利能力较弱。

5. 对权益乘数的分析

权益乘数=资产总额÷所有者权益总额

2019 年权益乘数=$\dfrac{306\ 222.94}{306\ 222.94-205\ 677.07}\approx 3.05$

2020 年权益乘数=$\dfrac{330\ 580.21}{330\ 580.21-215\ 659.54}\approx 2.88$

计算结果显示，该公司权益乘数下降，说明该公司负债程度降低，财务风险有所降低。但该公司的权益乘数一直处于 2~5 之间，负债率在 50%~80%之间，提醒管理者要把握好企业负债带来的相关风险。

综上分析，该公司应采取措施，降低各项成本，保持较高的总资产周转率，才能提高营业净利率，以进一步提升经营效益和发展潜力。

思考与练习

一、简答题

1. 如何分析企业的长期偿债能力？

2. 杜邦分析法主要涉及哪些财务比率？它们之间是什么关系？

二、计算分析题

C 公司资产负债表（简表）见表 8-10。

表 8-10　C 公司资产负债表（简表）

编制单位：C 公司　　　　2020 年 12 月 31 日　　　　单位：万元

资产	年末金额	负债和所有者权益	年末金额
货币资金	4 000	流动负债合计	20 000
应收账款	12 000	非流动负债合计	40 000
存货	14 000	负债合计	60 000
流动资产合计	30 000	所有者权益合计	40 000
非流动资产合计	70 000		
资产总计	100 000	负债和所有者权益总计	100 000

C 公司及行业标杆企业部分财务比率见表 8-11（计算财务指标时如需年初、年末平均数，用年末数代替）。

表 8-11　C 公司及行业标杆企业部分财务比率

财务比率	C 公司	行业标杆企业
流动比率	(A)	2
资产负债率	(B)	50%
总资产周转率	(C)	0. 5
权益乘数	(D)	(I)
速动比率	(E)	1. 3
营业净利率	(F)	13%
总资产净利率	(G)	(J)
净资产收益率	(H)	(K)

请计算出表 8-11 中英文字母的对应数值，以及 C 公司 2020 年净资产收益率与行业标杆企业的差异，并使用因素分析法依次测算总资产净利率和权益乘数的变动对净资产收益率差异的影响。

附表一　复利终值系数表

期数	1%	2%	3%	4%	5%	6%	7%	8%	9%	10%
1	1. 010 0	1. 020 0	1. 030 0	1. 040 0	1. 050 0	1. 060 0	1. 070 0	1. 080 0	1. 090 0	1. 100 0
2	1. 020 1	1. 040 4	1. 060 9	1. 081 6	1. 102 5	1. 123 6	1. 144 9	1. 166 4	1. 188 1	1. 210 0
3	1. 030 3	1. 061 2	1. 092 7	1. 124 9	1. 157 6	1. 191 0	1. 225 0	1. 259 7	1. 295 0	1. 331 0
4	1. 040 6	1. 082 4	1. 125 5	1. 169 9	1. 215 5	1. 262 5	1. 310 8	1. 360 5	1. 411 6	1. 464 1
5	1. 051 0	1. 104 1	1. 159 3	1. 216 7	1. 276 3	1. 338 2	1. 402 6	1. 469 3	1. 538 6	1. 610 5
6	1. 061 5	1. 126 2	1. 194 1	1. 265 3	1. 340 1	1. 418 5	1. 500 7	1. 586 9	1. 677 1	1. 771 6
7	1. 072 1	1. 148 7	1. 229 9	1. 315 9	1. 407 1	1. 503 6	1. 605 8	1. 713 8	1. 828 0	1. 948 7
8	1. 082 9	1. 171 7	1. 266 8	1. 368 6	1. 477 5	1. 593 8	1. 718 2	1. 850 9	1. 992 6	2. 143 6
9	1. 093 7	1. 195 1	1. 304 8	1. 423 3	1. 551 3	1. 689 5	1. 838 5	1. 999 0	2. 171 9	2. 357 9
10	1. 104 6	1. 219 0	1. 343 9	1. 480 2	1. 628 9	1. 790 8	1. 967 2	2. 158 9	2. 367 4	2. 593 7
11	1. 115 7	1. 243 4	1. 384 2	1. 539 5	1. 710 3	1. 898 3	2. 104 9	2. 331 6	2. 580 4	2. 853 1
12	1. 126 8	1. 268 2	1. 425 8	1. 601 0	1. 795 9	2. 012 2	2. 252 2	2. 518 2	2. 812 7	3. 138 4
13	1. 138 1	1. 293 6	1. 468 5	1. 665 1	1. 885 6	2. 132 9	2. 409 8	2. 719 6	3. 065 8	3. 452 3
14	1. 149 5	1. 319 5	1. 512 6	1. 731 7	1. 979 9	2. 260 9	2. 578 5	2. 937 2	3. 341 7	3. 797 5
15	1. 161 0	1. 345 9	1. 558 0	1. 800 9	2. 078 9	2. 396 6	2. 759 0	3. 172 2	3. 642 5	4. 177 2
16	1. 172 6	1. 372 8	1. 604 7	1. 873 0	2. 182 9	2. 540 4	2. 952 2	3. 425 9	3. 970 3	4. 595 0
17	1. 184 3	1. 400 2	1. 652 8	1. 947 9	2. 292 0	2. 692 8	3. 158 8	3. 700 0	4. 327 6	5. 054 5
18	1. 196 1	1. 428 2	1. 702 4	2. 025 8	2. 406 6	2. 854 3	3. 379 9	3. 996 0	4. 717 1	5. 559 9
19	1. 208 1	1. 456 8	1. 753 5	2. 106 8	2. 527 0	3. 025 6	3. 616 5	4. 315 7	5. 141 7	6. 115 9
20	1. 220 2	1. 485 9	1. 806 1	2. 191 1	2. 653 3	3. 207 1	3. 869 7	4. 661 0	5. 604 4	6. 727 5

续表

期数	11%	12%	13%	14%	15%	16%	17%	18%	19%	20%
1	1.110 0	1.120 0	1.130 0	1.140 0	1.150 0	1.160 0	1.170 0	1.180 0	1.190 0	1.200 0
2	1.232 1	1.254 4	1.276 9	1.299 6	1.322 5	1.345 6	1.368 9	1.392 4	1.416 1	1.440 0
3	1.367 6	1.404 9	1.442 9	1.481 5	1.520 9	1.560 9	1.601 6	1.643 0	1.685 2	1.728 0
4	1.518 1	1.573 5	1.630 5	1.689 0	1.749 0	1.810 6	1.873 9	1.938 8	2.005 3	2.073 6
5	1.685 1	1.762 3	1.842 4	1.925 4	2.011 4	2.100 3	2.192 4	2.287 8	2.386 4	2.488 3
6	1.870 4	1.973 8	2.082 0	2.195 0	2.313 1	2.436 4	2.565 2	2.699 6	2.839 8	2.986 0
7	2.076 2	2.210 7	2.352 6	2.502 3	2.660 0	2.826 2	3.001 2	3.185 5	3.379 3	3.583 2
8	2.304 5	2.476 0	2.658 4	2.852 6	3.059 0	3.278 4	3.511 5	3.758 9	4.021 4	4.299 8
9	2.558 0	2.773 1	3.004 0	3.251 9	3.517 9	3.803 0	4.108 4	4.435 5	4.785 4	5.159 8
10	2.839 4	3.105 8	3.394 6	3.707 2	4.045 6	4.411 4	4.806 8	5.233 8	5.694 7	6.191 7
11	3.151 8	3.478 6	3.835 9	4.226 2	4.652 4	5.117 3	5.624 0	6.175 9	6.776 7	7.430 1
12	3.498 5	3.896 0	4.334 5	4.817 9	5.350 3	5.936 0	6.580 1	7.287 6	8.064 2	8.916 1
13	3.883 3	4.363 5	4.898 0	5.492 4	6.152 8	6.885 8	7.698 7	8.599 4	9.596 4	10.699 3
14	4.310 4	4.887 1	5.534 8	6.261 3	7.075 7	7.987 5	9.007 5	10.147 2	11.419 8	12.839 2
15	4.784 6	5.473 6	6.254 3	7.137 9	8.137 1	9.265 5	10.538 7	11.973 7	13.589 5	15.407 0
16	5.310 9	6.130 4	7.067 3	8.137 2	9.357 6	10.748 0	12.330 3	14.129 0	16.171 5	18.488 4
17	5.895 1	6.866 0	7.986 1	9.276 5	10.761 3	12.467 7	14.426 5	16.672 2	19.244 1	22.186 1
18	6.543 6	7.690 0	9.024 3	10.575 2	12.375 5	14.462 5	16.879 0	19.673 3	22.900 5	26.623 3
19	7.263 3	8.612 8	10.197 4	12.055 7	14.231 8	16.776 5	19.748 4	23.214 4	27.251 6	31.948 0
20	8.062 3	9.646 3	11.523 1	13.743 5	16.366 5	19.460 8	23.105 6	27.393 0	32.429 4	38.337 6

附表二　复利现值系数表

期数	1%	2%	3%	4%	5%	6%	7%	8%	9%	10%
1	0.990 1	0.980 4	0.970 9	0.961 5	0.952 4	0.943 4	0.934 6	0.925 9	0.917 4	0.909 1
2	0.980 3	0.961 2	0.942 6	0.924 6	0.907 0	0.890 0	0.873 4	0.857 3	0.841 7	0.826 4
3	0.970 6	0.942 3	0.915 1	0.889 0	0.863 8	0.839 6	0.816 3	0.793 8	0.772 2	0.751 3
4	0.961 0	0.923 8	0.888 5	0.854 8	0.822 7	0.792 1	0.762 9	0.735 0	0.708 4	0.683 0
5	0.951 5	0.905 7	0.862 6	0.821 9	0.783 5	0.747 3	0.713 0	0.680 6	0.649 9	0.620 9
6	0.942 0	0.888 0	0.837 5	0.790 3	0.746 2	0.705 0	0.666 3	0.630 2	0.596 3	0.564 5
7	0.932 7	0.870 6	0.813 1	0.759 9	0.710 7	0.665 1	0.622 7	0.583 5	0.547 0	0.513 2
8	0.923 5	0.853 5	0.789 4	0.730 7	0.676 8	0.627 4	0.582 0	0.540 3	0.501 9	0.466 5
9	0.914 3	0.836 8	0.766 4	0.702 6	0.644 6	0.591 9	0.543 9	0.500 2	0.460 4	0.424 1
10	0.905 3	0.820 3	0.744 1	0.675 6	0.613 9	0.558 4	0.508 3	0.463 2	0.422 4	0.385 5
11	0.896 3	0.804 3	0.722 4	0.649 6	0.584 7	0.526 8	0.475 1	0.428 9	0.387 5	0.350 5
12	0.887 4	0.788 5	0.701 4	0.624 6	0.556 8	0.497 0	0.444 0	0.397 1	0.355 5	0.318 6
13	0.878 7	0.773 0	0.681 0	0.600 6	0.530 3	0.468 8	0.415 0	0.367 7	0.326 2	0.289 7
14	0.870 0	0.757 9	0.661 1	0.577 5	0.505 1	0.442 3	0.387 8	0.340 5	0.299 2	0.263 3
15	0.861 3	0.743 0	0.641 9	0.555 3	0.481 0	0.417 3	0.362 4	0.315 2	0.274 5	0.239 4
16	0.852 8	0.728 4	0.623 2	0.533 9	0.458 1	0.393 6	0.338 7	0.291 9	0.251 9	0.217 6
17	0.844 4	0.714 2	0.605 0	0.513 4	0.436 3	0.371 4	0.316 6	0.270 3	0.231 1	0.197 8
18	0.836 0	0.700 2	0.587 4	0.493 6	0.415 5	0.350 3	0.295 9	0.250 2	0.212 0	0.179 9
19	0.827 7	0.686 4	0.570 3	0.474 6	0.395 7	0.330 5	0.276 5	0.231 7	0.194 5	0.163 5
20	0.819 5	0.673 0	0.553 7	0.456 4	0.376 9	0.311 8	0.258 4	0.214 5	0.178 4	0.148 6

续表

期数	11%	12%	13%	14%	15%	16%	17%	18%	19%	20%
1	0. 900 9	0. 892 9	0. 885 0	0. 877 2	0. 869 6	0. 862 1	0. 854 7	0. 847 5	0. 840 3	0. 833 3
2	0. 811 6	0. 797 2	0. 783 1	0. 769 5	0. 756 1	0. 743 2	0. 730 5	0. 718 2	0. 706 2	0. 694 4
3	0. 731 2	0. 711 8	0. 693 1	0. 675 0	0. 657 5	0. 640 7	0. 624 4	0. 608 6	0. 593 4	0. 578 7
4	0. 658 7	0. 635 5	0. 613 3	0. 592 1	0. 571 8	0. 552 3	0. 533 7	0. 515 8	0. 498 7	0. 482 3
5	0. 593 5	0. 567 4	0. 542 8	0. 519 4	0. 497 2	0. 476 1	0. 456 1	0. 437 1	0. 419 0	0. 401 9
6	0. 534 6	0. 506 6	0. 480 3	0. 455 6	0. 432 3	0. 410 4	0. 389 8	0. 370 4	0. 352 1	0. 334 9
7	0. 481 7	0. 452 3	0. 425 1	0. 399 6	0. 375 9	0. 353 8	0. 333 2	0. 313 9	0. 295 9	0. 279 1
8	0. 433 9	0. 403 9	0. 376 2	0. 350 6	0. 326 9	0. 305 0	0. 284 8	0. 266 0	0. 248 7	0. 232 6
9	0. 390 9	0. 360 6	0. 332 9	0. 307 5	0. 284 3	0. 263 0	0. 243 4	0. 225 5	0. 209 0	0. 193 8
10	0. 352 2	0. 322 0	0. 294 6	0. 269 7	0. 247 2	0. 226 7	0. 208 0	0. 191 1	0. 175 6	0. 161 5
11	0. 317 3	0. 287 5	0. 260 7	0. 236 6	0. 214 9	0. 195 4	0. 177 8	0. 161 9	0. 147 6	0. 134 6
12	0. 285 8	0. 256 7	0. 230 7	0. 207 6	0. 186 9	0. 168 5	0. 152 0	0. 137 2	0. 124 0	0. 112 2
13	0. 257 5	0. 229 2	0. 204 2	0. 182 1	0. 162 5	0. 145 2	0. 129 9	0. 116 3	0. 104 2	0. 093 5
14	0. 232 0	0. 204 6	0. 180 7	0. 159 7	0. 141 3	0. 125 2	0. 111 0	0. 098 5	0. 087 6	0. 077 9
15	0. 209 0	0. 182 7	0. 159 9	0. 140 1	0. 122 9	0. 107 9	0. 094 9	0. 083 5	0. 073 6	0. 064 9
16	0. 188 3	0. 163 1	0. 141 5	0. 122 9	0. 106 9	0. 093 0	0. 081 1	0. 070 8	0. 061 8	0. 054 1
17	0. 169 6	0. 145 6	0. 125 2	0. 107 8	0. 092 9	0. 080 2	0. 069 3	0. 060 0	0. 052 0	0. 045 1
18	0. 152 8	0. 130 0	0. 110 8	0. 094 6	0. 080 8	0. 069 1	0. 059 2	0. 050 8	0. 043 7	0. 037 6
19	0. 137 7	0. 116 1	0. 098 1	0. 082 9	0. 070 3	0. 059 6	0. 050 6	0. 043 1	0. 036 7	0. 031 3
20	0. 124 0	0. 103 7	0. 086 8	0. 072 8	0. 061 1	0. 051 4	0. 043 3	0. 036 5	0. 030 8	0. 026 1

附表三　年金终值系数表

期数	1%	2%	3%	4%	5%	6%	7%	8%	9%	10%
1	1.000 0	1.000 0	1.000 0	1.000 0	1.000 0	1.000 0	1.000 0	1.000 0	1.000 0	1.000 0
2	2.010 0	2.020 0	2.030 0	2.040 0	2.050 0	2.060 0	2.070 0	2.080 0	2.090 0	2.100 0
3	3.030 1	3.060 4	3.090 9	3.121 6	3.152 5	3.183 6	3.214 9	3.246 4	3.278 1	3.310 0
4	4.060 4	4.121 6	4.183 6	4.246 5	4.310 1	4.374 6	4.439 9	4.506 1	4.573 1	4.641 0
5	5.101 0	5.204 0	5.309 1	5.416 3	5.525 6	5.637 1	5.750 7	5.866 6	5.984 7	6.105 1
6	6.152 0	6.308 1	6.468 4	6.633 0	6.801 9	6.975 3	7.153 3	7.335 9	7.523 3	7.715 6
7	7.213 5	7.434 3	7.662 5	7.898 3	8.142 0	8.393 8	8.654 0	8.922 8	9.200 4	9.487 2
8	8.285 7	8.583 0	8.892 3	9.214 2	9.549 1	9.897 5	10.259 8	10.636 6	11.028 5	11.435 9
9	9.368 5	9.754 6	10.159 1	10.582 8	11.026 6	11.491 3	11.978 0	12.487 6	13.021 0	13.579 5
10	10.462 2	10.949 7	11.463 9	12.006 1	12.577 9	13.180 8	13.816 4	14.486 6	15.192 9	15.937 4
11	11.566 8	12.168 7	12.807 8	13.486 4	14.206 8	14.971 6	15.783 6	16.645 5	17.560 3	18.531 2
12	12.682 5	13.412 1	14.192 0	15.025 8	15.917 1	16.869 9	17.888 5	18.977 1	20.140 7	21.384 3
13	13.809 3	14.680 3	15.617 8	16.626 8	17.713 0	18.882 1	20.140 6	21.495 3	22.953 4	24.522 7
14	14.947 4	15.973 9	17.086 3	18.291 9	19.598 6	21.015 1	22.550 5	24.214 9	26.019 2	27.975 0
15	16.096 9	17.293 4	18.598 9	20.023 6	21.578 6	23.276 0	25.129 0	27.152 1	29.360 9	31.772 5
16	17.257 9	18.639 3	20.156 9	21.824 5	23.657 5	25.672 5	27.888 1	30.324 3	33.003 4	35.949 7
17	18.430 4	20.012 1	21.761 6	23.697 5	25.840 4	28.212 9	30.840 2	33.750 2	36.973 7	40.544 7
18	19.614 7	21.412 3	23.414 4	25.645 4	28.132 4	30.905 7	33.999 0	37.450 2	41.301 3	45.599 2
19	20.810 9	22.840 6	25.116 9	27.671 2	30.539 0	33.760 0	37.379 0	41.446 3	46.018 5	51.159 1
20	22.019 0	24.297 4	26.870 4	29.778 1	33.066 0	36.785 6	40.995 5	45.762 0	51.160 1	57.275 0

续表

期数	11%	12%	13%	14%	15%	16%	17%	18%	19%	20%
1	1.000 0	1.000 0	1.000 0	1.000 0	1.000 0	1.000 0	1.000 0	1.000 0	1.000 0	1.000 0
2	2.110 0	2.120 0	2.130 0	2.140 0	2.150 0	2.160 0	2.170 0	2.180 0	2.190 0	2.200 0
3	3.342 1	3.374 4	3.406 9	3.439 6	3.472 5	3.505 6	3.538 9	3.572 4	3.606 1	3.640 0
4	4.709 7	4.779 3	4.849 8	4.921 1	4.993 4	5.066 5	5.140 5	5.215 4	5.291 3	5.368 0
5	6.227 8	6.352 8	6.480 3	6.610 1	6.742 4	6.877 1	7.014 4	7.154 2	7.296 6	7.441 6
6	7.912 9	8.115 2	8.322 7	8.535 5	8.753 7	8.977 5	9.206 8	9.442 0	9.683 0	9.929 9
7	9.783 3	10.089 0	10.404 7	10.730 5	11.066 8	11.413 9	11.772 0	12.141 5	12.522 7	12.915 9
8	11.859 4	12.299 7	12.757 3	13.232 8	13.726 8	14.240 1	14.773 3	15.327 0	15.902 0	16.499 1
9	14.164 0	14.775 7	15.415 7	16.085 3	16.785 8	17.518 5	18.284 7	19.085 9	19.923 4	20.798 9
10	16.722 0	17.548 7	18.419 7	19.337 3	20.303 7	21.321 5	22.393 1	23.521 3	24.708 9	25.958 7
11	19.561 4	20.654 6	21.814 3	23.044 5	24.349 3	25.732 9	27.199 9	28.755 1	30.403 5	32.150 4
12	22.713 2	24.133 1	25.650 2	27.270 7	29.001 7	30.850 2	32.823 9	34.931 1	37.180 2	39.580 5
13	26.211 6	28.029 1	29.984 7	32.088 7	34.351 9	36.786 2	39.404 0	42.218 7	45.244 5	48.496 6
14	30.094 9	32.392 6	34.882 7	37.581 1	40.504 7	43.672 0	47.102 7	50.818 0	54.840 9	59.195 9
15	34.405 4	37.279 7	40.417 5	43.842 4	47.580 4	51.659 5	56.110 1	60.965 3	66.260 7	72.035 1
16	39.189 9	42.753 3	46.671 7	50.980 4	55.717 5	60.925 0	66.648 8	72.939 0	79.850 2	87.442 1
17	44.500 8	48.883 7	53.739 1	59.117 6	65.075 1	71.673 0	78.979 2	87.068 0	96.021 8	105.930 6
18	50.395 9	55.749 7	61.725 1	68.394 1	75.836 4	84.140 7	93.405 6	103.740 3	115.265 9	128.116 7
19	56.939 5	63.439 7	70.749 4	78.969 2	88.211 8	98.603 2	110.284 6	123.413 5	138.166 4	154.740 0
20	64.202 8	72.052 4	80.946 8	91.024 9	102.443 6	115.379 7	130.032 9	146.628 0	165.418 0	186.688 0

附表四　年金现值系数表

期数	1%	2%	3%	4%	5%	6%	7%	8%	9%	10%
1	0. 990 1	0. 980 4	0. 970 9	0. 961 5	0. 952 4	0. 943 4	0. 934 6	0. 925 9	0. 917 4	0. 909 1
2	1. 970 4	1. 941 6	1. 913 5	1. 886 1	1. 859 4	1. 833 4	1. 808 0	1. 783 3	1. 759 1	1. 735 5
3	2. 941 0	2. 883 9	2. 828 6	2. 775 1	2. 723 2	2. 673 0	2. 624 3	2. 577 1	2. 531 3	2. 486 9
4	3. 902 0	3. 807 7	3. 717 1	3. 629 9	3. 546 0	3. 465 1	3. 387 2	3. 312 1	3. 239 7	3. 169 9
5	4. 853 4	4. 713 5	4. 579 7	4. 451 8	4. 329 5	4. 212 4	4. 100 2	3. 992 7	3. 889 7	3. 790 8
6	5. 795 5	5. 601 4	5. 417 2	5. 242 1	5. 075 7	4. 917 3	4. 766 5	4. 622 9	4. 485 9	4. 355 3
7	6. 728 2	6. 472 0	6. 230 3	6. 002 1	5. 786 4	5. 582 4	5. 389 3	5. 206 4	5. 033 0	4. 868 4
8	7. 651 7	7. 325 5	7. 019 7	6. 732 7	6. 463 2	6. 209 8	5. 971 3	5. 746 6	5. 534 8	5. 334 9
9	8. 566 0	8. 162 2	7. 786 1	7. 435 3	7. 107 8	6. 801 7	6. 515 2	6. 246 9	5. 995 2	5. 759 0
10	9. 471 3	8. 982 6	8. 530 2	8. 110 9	7. 721 7	7. 360 1	7. 023 6	6. 710 1	6. 417 7	6. 144 6
11	10. 367 6	9. 786 8	9. 252 6	8. 760 5	8. 306 4	7. 886 9	7. 498 7	7. 139 0	6. 805 2	6. 495 1
12	11. 255 1	10. 575 3	9. 954 0	9. 385 1	8. 863 3	8. 383 8	7. 942 7	7. 536 1	7. 160 7	6. 813 7
13	12. 133 7	11. 348 4	10. 635 0	9. 985 6	9. 393 6	8. 852 7	8. 357 7	7. 903 8	7. 486 9	7. 103 4
14	13. 003 7	12. 106 2	11. 296 1	10. 563 1	9. 898 6	9. 295 0	8. 745 5	8. 244 2	7. 786 2	7. 366 7
15	13. 865 1	12. 849 3	11. 937 9	11. 118 4	10. 379 7	9. 712 2	9. 107 9	8. 559 5	8. 060 7	7. 606 1
16	14. 717 9	13. 577 7	12. 561 1	11. 652 3	10. 837 8	10. 105 9	9. 446 6	8. 851 4	8. 312 6	7. 823 7
17	15. 562 3	14. 291 9	13. 166 1	12. 165 7	11. 274 1	10. 477 3	9. 763 2	9. 121 6	8. 543 6	8. 021 6
18	16. 398 3	14. 992 0	13. 753 5	12. 659 3	11. 689 6	10. 827 6	10. 059 1	9. 371 9	8. 755 6	8. 201 4
19	17. 226 0	15. 678 5	14. 323 8	13. 133 9	12. 085 3	11. 158 1	10. 335 6	9. 603 6	8. 950 1	8. 364 9
20	18. 045 6	16. 351 4	14. 877 5	13. 590 3	12. 462 2	11. 469 9	10. 594 0	9. 818 1	9. 128 5	8. 513 6

续表

期数	11%	12%	13%	14%	15%	16%	17%	18%	19%	20%
1	0. 900 9	0. 892 9	0. 885 0	0. 877 2	0. 869 6	0. 862 1	0. 854 7	0. 847 5	0. 840 3	0. 833 3
2	1. 712 5	1. 690 1	1. 668 1	1. 646 7	1. 625 7	1. 605 2	1. 585 2	1. 565 6	1. 546 5	1. 527 8
3	2. 443 7	2. 401 8	2. 361 2	2. 321 6	2. 283 2	2. 245 9	2. 209 6	2. 174 3	2. 139 9	2. 106 5
4	3. 102 4	3. 037 3	2. 974 5	2. 913 7	2. 855 0	2. 798 2	2. 743 2	2. 690 1	2. 638 6	2. 588 7
5	3. 695 9	3. 604 8	3. 517 2	3. 433 1	3. 352 2	3. 274 3	3. 199 3	3. 127 2	3. 057 6	2. 990 6
6	4. 230 5	4. 111 4	3. 997 5	3. 888 7	3. 784 5	3. 684 7	3. 589 2	3. 497 6	3. 409 8	3. 325 5
7	4. 712 2	4. 563 8	4. 422 6	4. 288 3	4. 160 4	4. 038 6	3. 922 4	3. 811 5	3. 705 7	3. 604 6
8	5. 146 1	4. 967 6	4. 798 8	4. 638 9	4. 487 3	4. 343 6	4. 207 2	4. 077 6	3. 954 4	3. 837 2
9	5. 537 0	5. 328 2	5. 131 7	4. 946 4	4. 771 6	4. 606 5	4. 450 6	4. 303 0	4. 163 3	4. 031 0
10	5. 889 2	5. 650 2	5. 426 2	5. 216 1	5. 018 8	4. 833 2	4. 658 6	4. 494 1	4. 338 9	4. 192 5
11	6. 206 5	5. 937 7	5. 686 9	5. 452 7	5. 233 7	5. 028 6	4. 836 4	4. 656 0	4. 486 5	4. 327 1
12	6. 492 4	6. 194 4	5. 917 6	5. 660 3	5. 420 6	5. 197 1	4. 988 4	4. 793 2	4. 610 5	4. 439 2
13	6. 749 9	6. 423 5	6. 121 8	5. 842 4	5. 583 1	5. 342 3	5. 118 3	4. 909 5	4. 714 7	4. 532 7
14	6. 981 9	6. 628 2	6. 302 5	6. 002 1	5. 724 5	5. 467 5	5. 229 3	5. 008 1	4. 802 3	4. 610 6
15	7. 190 9	6. 810 9	6. 462 4	6. 142 2	5. 847 4	5. 575 5	5. 324 2	5. 091 6	4. 875 9	4. 675 5
16	7. 379 2	6. 974 0	6. 603 9	6. 265 1	5. 954 2	5. 668 5	5. 405 3	5. 162 4	4. 937 7	4. 729 6
17	7. 548 8	7. 119 6	6. 729 1	6. 372 9	6. 047 2	5. 748 7	5. 474 6	5. 222 3	4. 989 7	4. 774 6
18	7. 701 6	7. 249 7	6. 839 9	6. 467 4	6. 128 0	5. 817 8	5. 533 9	5. 273 2	5. 033 3	4. 812 2
19	7. 839 3	7. 365 8	6. 938 0	6. 550 4	6. 198 2	5. 877 5	5. 584 5	5. 316 2	5. 070 0	4. 843 5
20	7. 963 3	7. 469 4	7. 024 8	6. 623 1	6. 259 3	5. 928 8	5. 627 8	5. 352 7	5. 100 9	4. 869 6